埼玉の伝説を歩く

志木・朝霞・新座・和光編

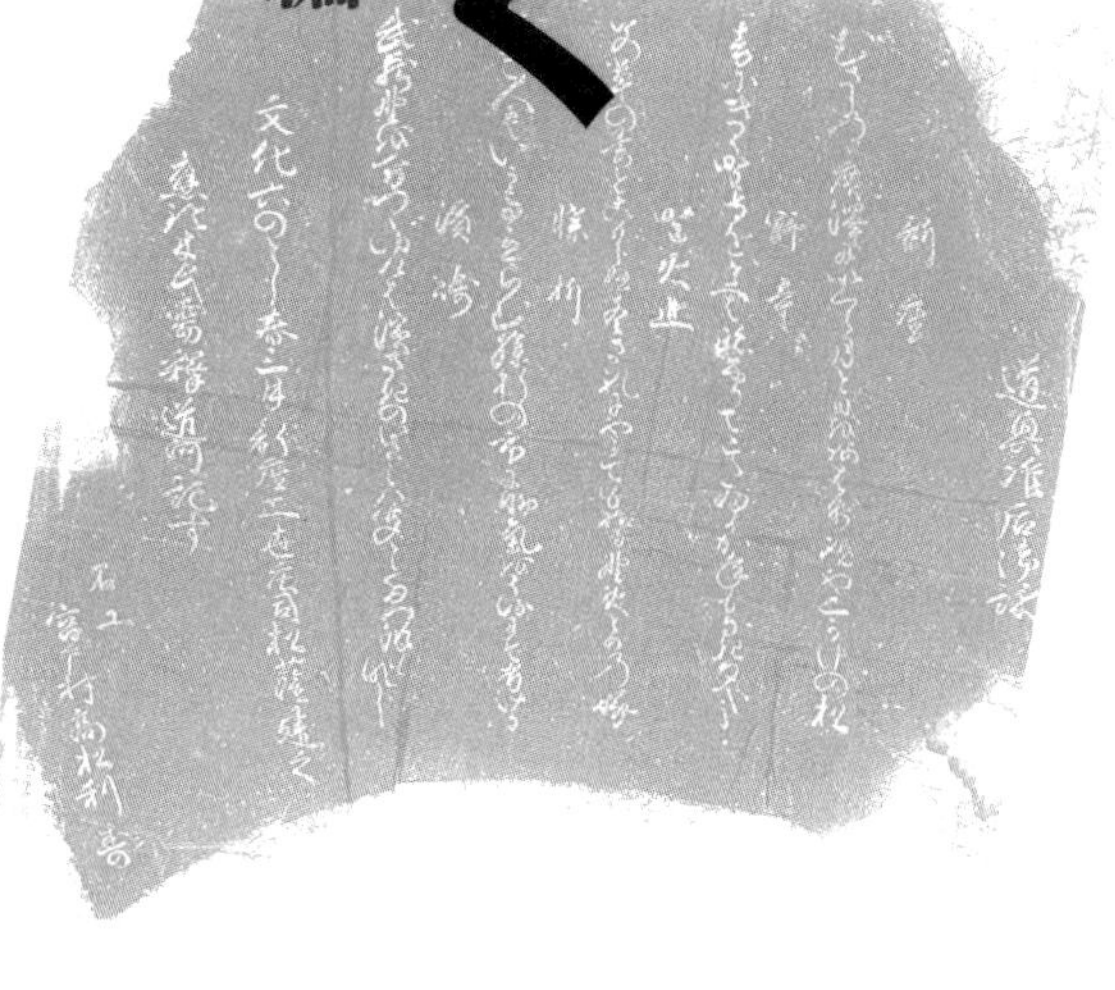

神山健吉 編著

さきたま出版会

重ねての快挙を言寿ぐ

細田信良

郷土史研究をライフワークとして五十年余り、優れた数々の研究論文を発表してこられた、郷土史研究の泰斗神山健吉先生によって『埼玉の伝説を歩く　志木・朝霞・新座・和光編』がこのほど上梓されました。鶴首して刊行を待ち望んでおられた方々と共に衷心よりお慶び申し上げます。

先生の研究テーマは、郷土の歴史、地理、文化そして民俗などの分野に及んでおります。いずれの研究も豊かな学識を基に、古文書や史料をはじめ先人の優れた論文などを精緻に読み解き、様々な視点から丁寧な考察を加えた上で論文として発表され、その業績は高い評価を受けて来られました。

本書は、先生が取り組んでおられる幅広い郷土史研究の中から、特に私たちの身近な所で語り継がれてきた伝説六十六編を纏められたもので、郷土伝説の集大成とも言うべき著作であります。

伝説は、内容がその時代に生きた人々に、ほぼ真実であると信じられていた出来事が言い伝えられてきたものが大半を占めているように伺っております。従って、場所が特定され、具体的な事物そして人物や信仰などと結び付けて語られている点が、昔話や神話とは異なるものです。

「昔話は詩的であり、伝説は歴史的である」とグリム兄弟は説いておりますが、本書は郷土史家神山健吉先生の筆によるものであるがゆえに、単なる言い伝えではなく、いずれも歴史を背景にして、身近な場所、事物や人物などが精緻に描かれており、まさしく歴史的に裏付けられた伝説と言えるのではないでしょうか。

更に、付言させていただきたいことは、ここに掲載された伝説は、著者がその場所に足を運び、研ぎ澄まされたご自分の目や耳などをもって観察、見聞、体感し、確証を得た上で書かれたものであるということです。

そこには、深い学術的観点から生まれる説得力に富む記述や吟味された言葉と共に、静かに、しかし熱い思いを込めて読者に語り掛けるような表現も随所に見られます。ふるさとをこよなく愛する先生のお人柄、そして恩師への感謝の想いが文面から滲み出ているようです。

次々と読み進めて行くと、常日頃は意識せずに通り過ぎていた身近な場所や目に留まらなかった事物が、実は伝説の舞台であったことに気が付くことでしょう。そして、遥か昔に、この地に生きた人々が何を願い、何を喜び、どのように心の安らぎを得ていたかなどを、身近な地におもむいて思いを馳せることで、伝説ならではの面白さや奥深さに、いやが上にも引き込まれて行くに違いありません。

現代に生きる私たちは、かつては想像も出来なかった世界的な規模で展開されている、科学の進歩や様々な異なった文化の大波に洗われながら日々を歩んでいます。自分とは何か、自分はいま何処にいるのかなどの思いが、ふと脳裏をよぎることがあります。

『埼玉の伝説を歩く　志木・朝霞・新座・和光編』を座右の書として愛読し、昔の人々の豊かな心に触れるとき、誰もが自分本来の立ち位置を改めて認識し、心豊かに生きる喜びをより深く味わうことが出来るものと信じて疑いません。

本書が、多くの方々に郷土の伝説として末永く読み継がれ、語り継がれていくことを切に願っております。


（元埼玉県立浦和高校校長・元志木市教育長）

刊行にあたって

今から三十数年前、埼玉県郷土文化会に入会してから十数年目の私に、郷土史家としての転機が訪れた。それはこの会の創設者であり半世紀の長きに亘り会長を務められた稲村坦元先生が逝去され、筆頭副会長であられた韮塚一三郎先生が会長職を継承されたからで、先生は就任されると早速、執行部を大幅に変革された。機関誌『埼玉史談』の編集担当者には、当時、富士見、上福岡、朝霞、和光の各市で市史の編纂に当たっていた井田実氏、岩槻市史の編纂室主任として活躍していた飯山実氏と私の三人が新任された。

『埼玉史談』の編集会議は常に韮塚先生のご自宅で行われ、次号用に提稿された多くの原稿の中から巻頭文の選定、その他の原稿の掲載順位、個々の原稿の内容のチェック、次々号の主要テーマの選定など、議事は多岐にわたった。その間、先生は終始、三人のやりとりをニコニコしながら聞いておられたが、折りに触れ適切なアドバイスを頂戴することもあった。

三時間にも及ぶ編集会議が終わると、先生は必ず我々三人をご自宅近くのファミレスに案内され、ご自分のポケットマネーで三人を慰労して下さった。その時に話題になるのは、必ずしも史談関係にとどまらず、会の運営のことから個々の会員の研究活動やら当時先生が埼玉県文化団体連合会の会長を兼ねておられたことで、埼玉県の文化活動全般に及ぶこともあった。当時、先生は埼玉県の歴代知事の中で特に県民の文化水準のアップに心を砕いた方として今でも多くの県民の心の中に生きている畑和知事の最高の理解者・支持者であったから、例えば、畑知事が都内のコンサートホールで一流の音楽を聴く機会の少ない県内僻地の子供たちのためにも優れたオーケストラを作って県内を巡回させるべく、大宮在住の寺沢一東大教授（国際法）

を準備委員長に据えて、その構想を実現しようとしていることなどまでファミレスで拝聴することができた（その素晴らしい構想も畑知事の退任によって泡と消えたのは痛恨の極みだったが）。

こうした県内の多種多様の文化活動について、先生から直接お話を伺えるのはなにより楽しみだったが、それ以上に嬉しかったのは、先生が県内各地に伝わる多くの伝説を収集し分析された大著『埼玉県伝説集成』上中下の三冊を刊行されてから僅かしか経っていない時期でもあった関係からか、時折、県内の特色ある伝説に言及されたり、郷土史の中で伝説が占める重要性について触れて頂いたことだろう。

今回、私がまだまだ未熟な分際でありながら、地元四市の伝説をまとめて刊行することに踏み切ったのは、余命幾許もないことを痛切に感じてきている昨今だけに、目の黒いうちに、先生のご恩に報いたいの一心からで、できれば、先生のご墓前にお供えして学恩の万分の一なりとも感謝申し上げたい気持ちたるや切なるものがあってのことである。

著者

『埼玉の伝説を歩く　志木・朝霞・新座・和光編』目次

朝霞市域編

新座市域編

和光市域編 …… 131

装丁　田端克雄（フィールド・サイド）
写真　岩下　隆（ニュータイムス社）〔特記を除く〕
カット　塩澤　裕（H2O）〔P26、155〕

凡例

一、本書は、志木・朝霞・新座・和光の四市域に伝わる伝説を対象に記述した。

一、本書に収録した伝説は、民俗学が規定する狭義の伝説にとどまらず、一般に口碑伝説と呼ばれるものまで広範囲に及んでいる。

一、本書は、個々の伝説の紹介だけでなく、読者が伝説発生地を自分の目で確認できるよう、可能な限りその正確な住所とそこに至る簡単な案内図を示すことに努めた。

一、本書は、本書を持参して各市域の伝説発生地を巡回する便を図るため、最寄りの駅ないしは川を基準に入れる原則とした。

一、本書は、各市域編の冒頭に市域全体の伝説発生地の全体分布図を示すとともに、各伝説毎にその発生地に達するための略図を付した。

一、年号は和暦を用い、適宜その下に（ ）で西暦を付した。

一、地名は原則として史料に従い、その時代に用いられていた地名を用いているが、適宜その下に（ ）で現市町村名を入れた。

一、引用文献、史料名等は本文中に適宜挿入した。

【志木市域編】

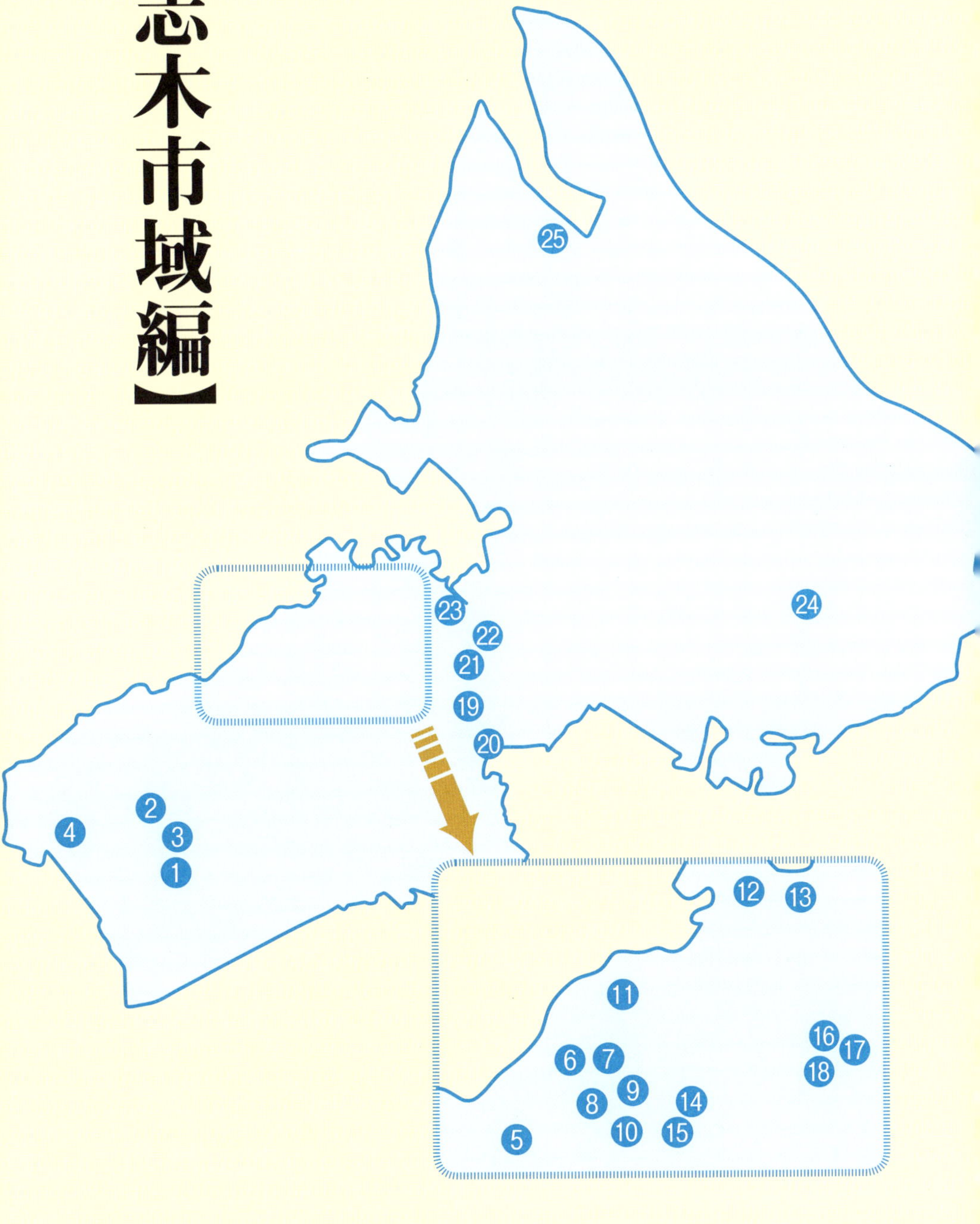

❶ すえぼ薬師

志木市幸町3—12

落ち零れた米を溜めてお金に換え、遂に薬師仏を造立した信心深い下女

昔の舘村には大塚という集落があった。大正三年（一九一四）に東上線が開通したので、集落は東上線の東と西に分断されてしまったが、古くからの住民の間には昔ながらの連帯感・一体感が線路を越えても色濃く残っている。その集落の精神的支柱になっていたのが集落西部に位置する薬師堂だった。今でもその跡地が残っている。

薬師堂のご本尊はすえぼ*薬師というお名前だが、それには次のような由来がある。

昔々、今の市立志木第三小学校の辺りに田面長者藤原長勝という豪族がいたが、この長者の館には長者に仕える下女がいた。この下女は信仰心が至って強く、炊事の際に落ち零れた米穀を塵芥類を容れる容器すえぼに入れておき、容器が一杯になるとお金に換えて溜《た》めておいた。それが十数年も続くとかなりの金額に達したので、御丈四尺余の薬師仏を造立することができるようになった。長者は下女の志に感じ入り、堂を造って薬師如来を入仏させ、このご本尊にすえぼ薬師の名を付けたという。

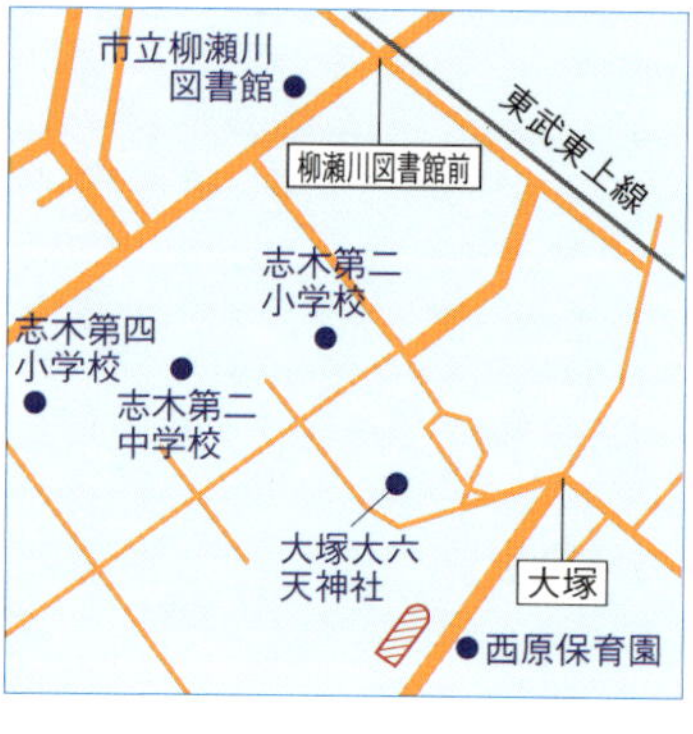

昔の薬師堂は天文年間（一五三二～五五）ともいわれる柏ノ城の攻防戦のあおりを受けて破壊され、農地になって尾崎仁兵衛の所有するところとなった。仁兵衛は今度は戦火に遭っても焼失ないし破壊されないようにと石仏の薬師を造立、自らは道心となって薬師堂をお守りすることになった。江戸時代になってから、地頭の山中与五兵衛は、仁兵衛一代に限り、薬師堂持ちの畑の中、一反歩を免畑に指定して、税の負担を免除してくれた。

元禄十二年（一六九九）の頃、江戸麻布の龍潭寺《りゅうたんじ》の竹堂和尚の弟子円瑞がこの薬師堂にやって来たが、元禄十四年の検地の際に、一反三畝十三歩は円瑞の支配だとして水帳から除外された。円瑞は享保十六年（一七三一）六月に七十六歳で死亡。因みに円瑞は禅宗の一派、黄《おう》檗《ばく》宗（開祖は隠元）に属する僧であった。

円瑞の死後、また龍潭寺から弟子の虎岩という僧がやって来て元文五年（一七四〇）まで薬師堂に住んだ。元文五年秋から寳《ほう》幢寺《どうじ》との間に争論が生じて、評定所に訴え出た。双方は翌寛保元年に至り、江戸詰めして評定の結果を待っていたが、虎岩は貧僧のため訴訟費用に差し支えて出入りから身を引くことになった。そこで、薬師堂場は宝幢寺が支配するところとなり、薬師堂は破壊され、本尊の石仏薬師は下寺に引き取られた。こうして、薬師堂の免畑地は小作人が耕作し、宝幢寺の所務となった。

薬師堂跡（左奥に小さく見えるのは地域包括支援センター館・幸町）

この薬師仏はその後、盗難にあったが、大塚中組の農民一人が道心となって全国を回国行脚していた最中の寛延年中（一七四八〜五一）に、甲州十日市場村（現山梨県都留市）という所から一里半離れた場所の寺の本尊となっていたのを目撃したそうで、帰郷後、周辺の人々に語っていたという。

因みに、享保年間（一七一六〜三六）頃、この薬師堂の敷地には、暦応二年（一三三九）の刻銘のある青石塔婆が建っていたことが『舘村古今精決集録』に記されている。

＊注…すくも（もみ殻）薬師とも呼ばれる

② 杉の木の祟り

あだなす者には必ず報いが…

志木市幸町2ー11　大塚大六天神社

大塚地蔵を背に志木第二中学校、志木第二小学校に向かう通称サラリーマン坂を降り切る手前の右側にこぢんまりと鎮座する祠《ほこら》がある。これが大六天社*という神社だ。この神社の境内に生える杉の木に関連した話が今からおよそ三百年ほど前、六代将軍家宣の頃に起きたとされる「杉の木のたたり」の伝説である。

その頃、この辺り一帯は森だったが、中でもこの神社には周囲が一メートル半ばかりもある立派な杉の大木が十五、六本も聳《そび》えていた。当時、神社を管理していた杢兵衛さんと治左衛門さんの二人は、ある時、この杉の木を伐《き》って売ればもうけになると考え、木びきを頼んで、伐らせることにした。

まず手始めに、その中の一本を、木びきと例の二人の合計三人で伐り始めたところ、三人は急にがたがたと震え始め、ちょうど、オコリのような症状になって苦しみ始めた。そこで、これ以上伐り続けるのは危険だと感じ、作業を中止して、しばらくの間、ほうっておくことに決めた。そして、直ちに三人を家に運んで寝かせたが、三人の震えは治まるどころか、いっそうひどくなるとともに高熱まで発するようになって苦しみ続けた。

伐ろうとしただけでこんなにたたられるのは、この木にきっとなにか特別のいわれがあるに違いない。それなら普通の人ではなく、坊さんか尼さんにでも扱わせてみたらどうだろうということになり、近くの薬師堂の堂守りをしていた円瑞という坊さんに、処理を任せることになった。

円瑞はこの伐りかけの杉の木を、その頃だいぶ傷んで

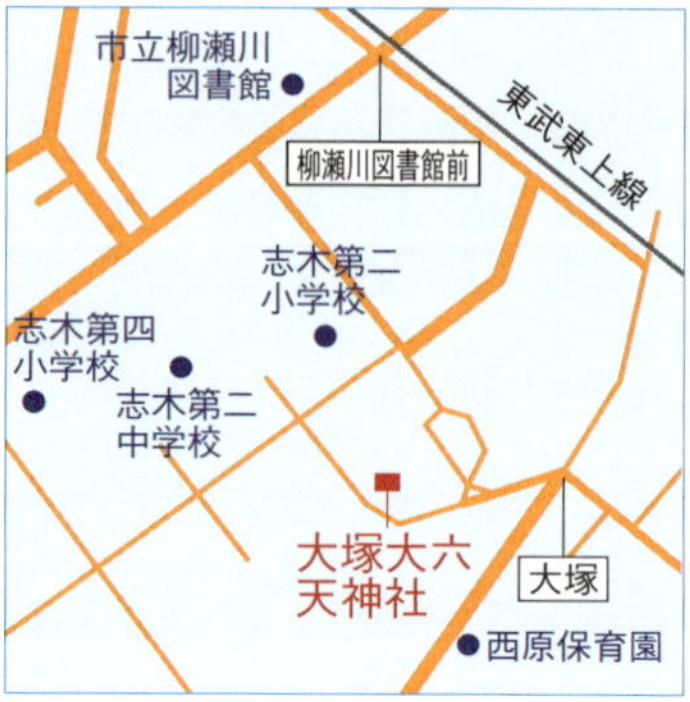

きていた薬師堂の修理に充てようと考えた。そこで、伐り倒そうとして、自ら作業を始めかけたところ、どうだろう。この坊さんも以前の木びきと同様の症状を起こして、百日間ほど寝込んでしまったのだ。その後また橋の架け替えをするので、この杉の木を使おうと伐りに行った人がいたが、その時もなにか変事が起こったので、中途で諦めざるを得なかった。

そこで、この杉の木にはきっと魔神の怨霊が宿っているに違いないと村人たちから恐れられ、自然に枯れて倒れてしまうまでは、絶対に手をつけてはいけないとされるようになった。それからはこの杉の木に触れる者は誰一人としていなかったという。

しかし、その後二百数十年も経った太平洋戦争中に、この付近に住んでいた第三国人が過去の事情も知らずにこの杉の木を伐って薪に使ったところ、終戦になってその人が母国に帰る途中、乗っていた船が機雷に触れて沈没、朝鮮海峡の藻屑と化してしまったという。そのニュースを聞いた当時の古老たちは、これこそ杉の木の祟《たた》りだと噂《うわさ》し合ったそうだ。

＊注…大六天は志木地方では道の神様と捉えられがちなため、ワラジやゾウリの奉納が多く見られる。

幅1メートルほどの路地を入ったところにある大塚大六天神社。安政6年（1859）に道中安全の守護の神として建立され、永く荒廃していたので、昭和43年（1968）9月、志木第二小建設に際し協同建設の髙橋利左右社長が学校の安泰・学童の交通安全など祈願し社殿を再建奉納した

③ 芋頭

志木市館1－2－1

あら不思議、上流から煮えた芋頭が流れて来た

江戸時代の頃、今の志木第二小学校の近くに芋頭《がしら》と呼ばれた小字があった。その名の由来を語ろう。

第二小学校や館のニュータウンが造成されるまでは、この辺り一帯は大塚の台地から柳瀬川にかけて膝まで没するような深い田んぼが広がっていた。

台地からこの田んぼへ降りる小さな坂道の傍らに一人の貧しいお百姓が家族と一緒に住んでいた。

ある年の暑い夏の日に、このお百姓さんは一人で田んぼへ稲の草取りに出掛けた。その日は朝から気温が高かったうえ陽射しも強く、まるで灼熱《しゃくねつ》地獄のような中、少しでも家族を楽にさせてやりたいと懸命に働き続けた。やがて昼近くになり、近くの田んぼで働いていた他のお百姓は昼食を食べに、それぞれの家へと引き揚げて行った。しかし、この主人公は家に戻っても口にできる食料がほとんど無いことを知っていただけに、家に帰ることもなく、沼地の縁の萱《かや》の茂みに日陰を探して体を休めることしかできなかった。

やがて、このお百姓さんは昼食を食べに自宅に帰って行ったお百姓たちが田んぼに戻る前には、束の間の休憩を終えて、稲の草取り作業に取り掛かっていた。それから三、四時間、作業をしているうちに、眩暈《めまい》がするほどの空腹に襲われてきたので、水でも飲んで幾らかでも空腹を凌《しの》ごうと、小川の畔まで足を引きずりながら辿《たど》りついた。ところが、摩訶《まか》不思議というか天《てん》佑神助《ゆうしんじょ》というべきか、上流から芋の頭が三つほど浮き沈みしながら、このお百姓さんの近くまで、流れ寄って来るではないか。お百姓さんは朝から食事にありつけていなかっただけに、これを食べれば飢餓状態から脱するこ

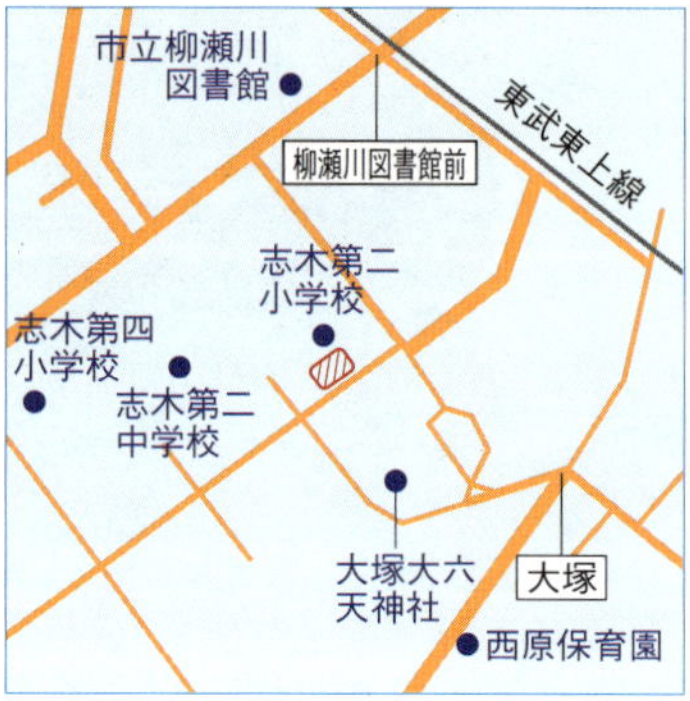

志木第二小学校。この辺りに芋頭が流れてきたとされている

とができるかと、祈るような気持ちで芋に向かって走り続けた。川の流れから芋を取り上げて見ると、なんとその芋頭は生のままではなく、柔らかく茹《ゆ》で上がった状態だった。

小川の上流の方には一軒の家も見えないので、誰がこの芋を流したかも分からない。

もしかすると、正直者で働き者のこのお百姓さんを助けようと神様が恵んでくれたのかもしれない。餓死寸前といえるような状態だったお百姓さんの喜びようは尋常ではなく、夢から醒《さ》めないうちにと、慌ててこの三つを平らげた。

お蔭で、このお百姓さんは元気を取り戻し、夕方遅くまで草取りを続けることができた。この珍しい出来事はいつしか村中に知れ渡り、やがて、このお百姓さんが芋を取り上げた辺り一帯を芋頭と呼ぶようになったということだ。

④ 尾張の若殿の鷹狩り

志木市館1丁目と2丁目の境

尾張の若殿は鷹場役人の背中を 橋代わりに川の対岸に渡る

鷹狩りを好んだ徳川家康は天正十八年（一五九〇）に関東に入部すると領国内に鷹場の設定を進めていったが、寛永十年（一六三三）には、尾張・紀伊・水戸の御三家の鷹場が設定された。こうして荒川の以東は紀州家、荒川の以西は尾張家にそれぞれ鷹狩りの場として与えられることになった。

尾張家では、与えられた広大な鷹場を管理したり、実際の鷹狩りに際して尾張の殿様を案内するための御鷹場御預り御案内の役職を鷹場を幾つかに分けたそれぞれの地域に一人ずつ任命して職務に当たらせた。江戸初期から鷹狩りを禁じた犬公方の異名を持つ五代将軍綱吉までは尾張家鷹場は三地域に分けられており、志木・朝霞・新座・和光の四市を含む東部地域は小榑村《こぐれ》（現練馬区大泉学園町）の有力農民、高橋覚左衛門がその任に当たっていた。吉宗が八代将軍になると鷹狩りは復活することになるが、それに伴い、鷹場を管理する御鷹場御預り御案内の人数が増やされたので、一人一人の御案内の管理する面積は狭められることになった。舘村の名主宮ケ原仲右衛門と繁右衛門が二代にわたって御案内役に任じられたのはこの頃のことだ。なお、下宗岡村の石原弥惣兵衛がこの役に任じられたのはそれよりもだいぶ遅れた文政年間（一八一八〜三〇）とされている。

寛永十七年三月十七日に尾張中納言吉通が鷹狩りの折りに、北野村（現所沢市）の神職栗原氏宅で小休止され、手植えされた一本の松が『狭山の栞《しおり》』の執筆が終わったとされる明治十四、五年（一八八一、二）頃にはまだ繁茂し、中納言松の名で呼ばれていたという。その後、寛永二十一年三月三日には若君の五郎太君が数百人のお供を連れて江戸屋敷を出発、鷹場にお成りになった。その時に関係四十八か村から差し出した人足は千二百人を超えたという。

当時、舘村（現志木市柏町・幸町）付近の鷹野には小堀が数か所もあったが、橋が無かったため五郎太君が小堀を渡りあぐねていたところ、この地区の御鷹場御預り御案内役だった小榑村の高橋覚左衛門が機転を利かして、とっさに四つん這いになり橋の役割を果たし若殿を無事、対岸に渡らせた。若殿は覚左衛門の背中を橋代わりに足で踏み渡り対岸に達したので、すこぶるご機嫌うるわしく、「お前は馬のようだから、馬之介と名乗った方がよい」と言われ、そのようにそれ以後は改名して案内役を務めたという。この一件があってから若殿は狭山嶺に入ってキジ・ウサギ・ハト・ヤマドリを狩り、六道辺で休憩された折り、松一本を手づから植樹されたのが現在の五郎太松なのだそうだ。五郎太松について、『狭山の栞』の著者、杉本林志は「千代よろず年を重ねて色変へぬみどりをたたむ五郎太の松」、釋雲渓は「栄え行く松のみどりに照る月は昔も今も変らざりけり」とそれぞれ詠んでいる。五郎太の松は、その後、狭山八景の一つに数えられている。

マロニエ通り。ニュータウンができるまではこの辺りに五郎太君の渡った堀があったらしい

⑤ 赤ん坊の湯浴みに失敗した猿

折角の好意が仇となって猿も命を落とす結果に

志木市柏町6丁目

明治のご一新が終わって間もなくの頃だろうか？野火止用水の流末を利用した水車が舘村に何軒もあった頃に起きたとされている話だ。

農耕の傍ら、水車を回して家計を助けていたある一軒の農家では、長い間、子宝に恵まれなかったので、寂しさを紛らわすためもあって、子供代わりに猿を大事に飼っていた。だから、飼い主も猿もしばらくはハッピーだったらしい。ところが、我が子の誕生をすっかり諦めていたその農家に奇跡的にやっと子供が生まれた。赤ん坊の両親は欣喜《きんき》雀躍《じゃくやく》、まさに天にも昇るような喜びの毎日で、風呂に入れられて喜ぶ我が子の満ち足りた表情を見るのが至福の一時だったそうだ。もちろん、赤ん坊の入浴に立ち会って、いつもその光景を眺めていた猿にとっても同様に嬉しい瞬間だったに違いない。

ところが、たまたま赤ん坊の両親が農作業のため田んぼに出掛けて家を留守にしていた時のこと、猿はふだん赤ん坊が風呂に入れられて喜んでいるのを見ているだけに、飼い主の留守の間に自分が飼い主に代わって赤ん坊を風呂に入れれば、赤ん坊も喜ぶだろうし、外出先から戻って来る飼い主も喜んでくれると思ったらしい。

そこで、猿は見よう見真似で風呂を沸かし、湯船の中に赤ん坊をそっと漬けてみた。利口とは言ってもそこが猿だ。つまり猿には入浴するためには湯がどれくらいの温度が適温なのかまで考えが及ばなかったのだ。だから、結果的にはかなりの高温の湯の中に赤ん坊を入れてしまったらしい。あまりの湯の熱さに皮膚が赤く腫れ上がった赤ん坊がギャーギャー泣き叫ぶのを見た猿は慌て

て湯船から赤ん坊を取り出して、別室に敷いてあった布団に寝かせて様子を見ていた。そうこうしているうちに、農作業から戻ってきた飼い主夫妻は、この異常事態に動転、慌てて緊急の手当てを施してみたが、火傷は見た目よりも深刻で、ついに愛児は還らぬ人になってしまった。

　飼い主は、現場を見て、この事件がどうして起きたのかすぐさま事情を理解したのだろう、猿を厳しく叱責した。猿もおのれの不注意でこうした事態になったことに強く責任を感じ、飼い主に何回も何回も頭を下げて詫《わ》びを入れると同時に、人間の言葉が話せれば赤ん坊可愛さが高じてこういう結果になってしまったことを縷々《るる》説明もしたかった。しかし、人間の言葉でそういう事情を説明するだけのコミュニケーション能力を欠いていた猿にはそれも叶《かな》わず、ただただ頭を下げるだけだった。飼い主はやっと生まれてまだ日の浅い、熱愛していた可愛い赤ん坊がこんな目に遭うなんてと理性を失い、悪いのはこの猿めだと怒り心頭に発し、浴槽のそばに置いてあった薪で思い切り猿を激しく何回となく殴りつけたので、哀れにも猿も命を落とす結果となってしまった。

猿が落命した水車はこの付近だったらしい

　愛児が死亡してしばらく経ち、飼い主の気持ちも冷静になると、わが子の亡くなったのはもちろんのこと、いっときの感情の高ぶりで猿の命まで奪ったことが悔やまれてならなかった。そこで、菩提寺の住職に頼み込んで、我が子と猿の菩提を懇《ねんご》ろに弔ってもらったそうだ。

6 長勝院のチョッピラリン

志木市柏町3ー10

和尚との口論に負け火傷で死んだ狸

志木市柏町には三十年ほど前に廃寺になった長勝院という寺があった。鎌倉時代にこの地を治めていた二階堂土佐守という武将が主君源頼朝の奥方・政子の安産を祈念するため、昔、この辺りを支配していた田面長者藤原長勝という豪族の霊を祀《まつ》るために創建されたといわれる寺だ。

江戸初期の頃、この寺の江戸時代に入ってから二代目の和尚・尊祐が住職だった時に起きたらしい出来事が伝説化されたものだ。

その頃、この寺の近くに棲《す》んでいた狸《たぬき》が毎日のように寺にやって来ては和尚さんを相手に長時間おしゃべりをするので、和尚さんはいささか辟易《へきえき》していた。そのうちに懲らしめてやろうと思っていた矢先、寒い冬の晩、和尚さんが庫裏の囲炉裏のそばで暖をとっていると、狸はやって来た。いつものように、狸のおしゃべりは止めどなく続いた。和尚さんは狸との会話に疲れてしまい、囲炉裏の中で真っ赤に焼けていた石を狸の下腹部目掛けて投げ込んだ。狸はあまりの熱さにビックリ、戸外に逃げようとしたが、部屋から出る時、振り向きざま、和尚に向かって「長勝院のチョッピラリン」と悪態を突く。言われた和尚さんも負けじと、「そういうお前こそチョッピラリンだ」と言い返す。その後、お互いに悪口の言い合いを繰り返しているうちに、狸は根負けして部屋から出て行った。翌朝、和尚さんが庭に出てみると、大木の下の草むらに大火傷をした狸の死骸が横たわっていたという話だ。

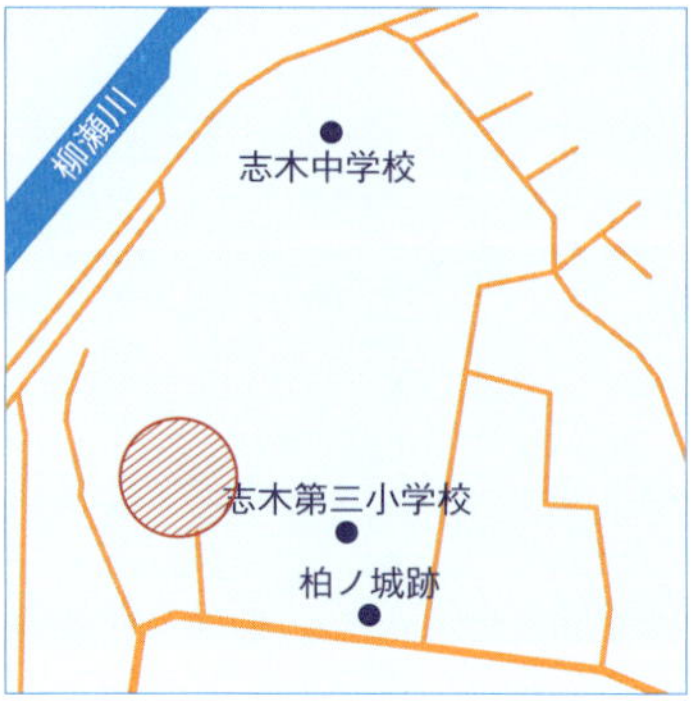

これによく似た話が県内だけでも白岡市篠津、羽生市今泉、所沢市宮本町に伝えられている。いずれも舞台は

寺で、狸と和尚のいさかいがテーマになっていることが共通している。ただ微妙なところが若干異なっている。

所沢では、志木と同じく、和尚が狸に投げ付けたものは焼け石だが、白岡ではオキ（赤くおこった炭火）になっている。また、狸が和尚に対して浴びせた悪態の言葉は、白岡ではチンピロリン、羽生ではチョンピロリンと微妙に違っている。ただし、所沢では、志木、白岡、羽生とは異なり、「あちーちーの新光寺、二度と来まい新光寺」が捨て台詞とされている。

このほか、詳細は不明ながら、狸と和尚とのかけあいは、県外では東京の日野市にも伝わっているようだ。

類似した話が各地に、しかも街道沿いに残っているのは、江戸時代に寺を持たずに各地を遊行ないし放浪して歩いた願人坊主等が、行く先々にこうした伝説を伝えていったものと推測される。

チョッピラリンとは、ちょっぴら（少し）りん（火の玉）のことで、恐ろしいという意味だといわれている。

毎年４月に長勝院の跡地に美しく咲き誇るチョウショウインハタザクラ

◉資料・和尚と狸とのいさかいについての伝播状況

所在地	寺院名	宗派	和尚が狸に投げたもの	狸が和尚に浴びせた言葉	いさかいの原因	投げつけられた狸の体の部分	備考
志木市	長勝院	真言宗	焼け石	チョッピラリン	普段の悪戯《いたずら》が過ぎて	陰嚢	元は大石信濃守の持仏堂
白岡市	慈照院	真言宗	おき	チンピロリン	普段、ばかにされて	下腹	＊新記には不載。新記編纂時には廃寺か？
	西光院	真言宗	―	―	―	―	和尚と狸は仲良し
羽生市	長光寺	曹洞宗	―	チョンピロリン	―	―	ご朱印寺
所沢市	新光寺	真言宗	焼け石	あちちーの新光寺	狸の長っちり	股	ご朱印寺

＊注…『新編武蔵国風土記稿』

⑦ 田面長者の大蛇退治

志木市柏町3−1

不動明王の加護もあって、田面長者は大蛇が淵の水田化に成功

現在、志木第三小学校のある場所に、平安時代の初期には田面長者藤原長勝という名の豪族が館を構えていた。

この館の西側から北側にかけて、柳瀬川が深い淵を作って流れていたというが、この淵には巨大な大蛇が棲《す》んでいたところから、大蛇《おろち》ケ淵の名で呼ばれていた。長勝はこの淵をなんとか水田に変えて村人たちの生活を豊かにしたいと考えていた。村人たちはこの淵に棲んでいる大蛇がとてつもなく大きかったので、淵の中をうねって泳ぐ大蛇の胴体を見た人はいても首を見た人は誰一人としていなかった。首がないように感じられたため、いつしか首《かしら》無しの名で呼ばれるようになったらしい。

長勝は、その恐ろしい大蛇の棲み家である柳瀬川の淵を壊して水田にしようと考えたが、人々は大蛇の祟《たた》りを恐れて長勝の計画に反対し続けた。しかし、長勝はなんとかこの構想を実現させたいと強く願った。そして、長年、調査した結果、淵には中央を流れる水流があることを発見。この水流の両側に堤防を築けば良いということになり、村人たちに協力を求めた。もちろん、長勝自身も工事の陣頭に立って指揮を取り続けたので、三年も過ぎた頃には彼の顔の色が赤銅色に変わるほどだった。

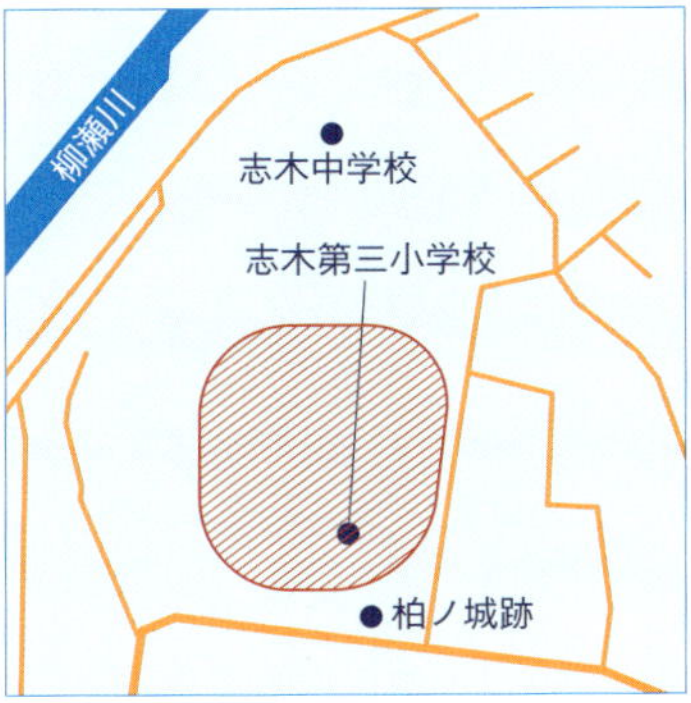

長勝や村人たちの懸命な努力によって、長年にわたる工事が終了を迎え、村人たちを迎えて、大規模な祝宴が催された。ところが、その宴の最中、ゴーッという一陣の風が俄《にわ》かに吹き起こったのを切っ掛けに、激しい強風と強い雷鳴が長勝の館の辺りを襲い始め、折角、築いた堤防を破壊し、満々たる水を湛《たた》えた大蛇ケ淵の元の姿に

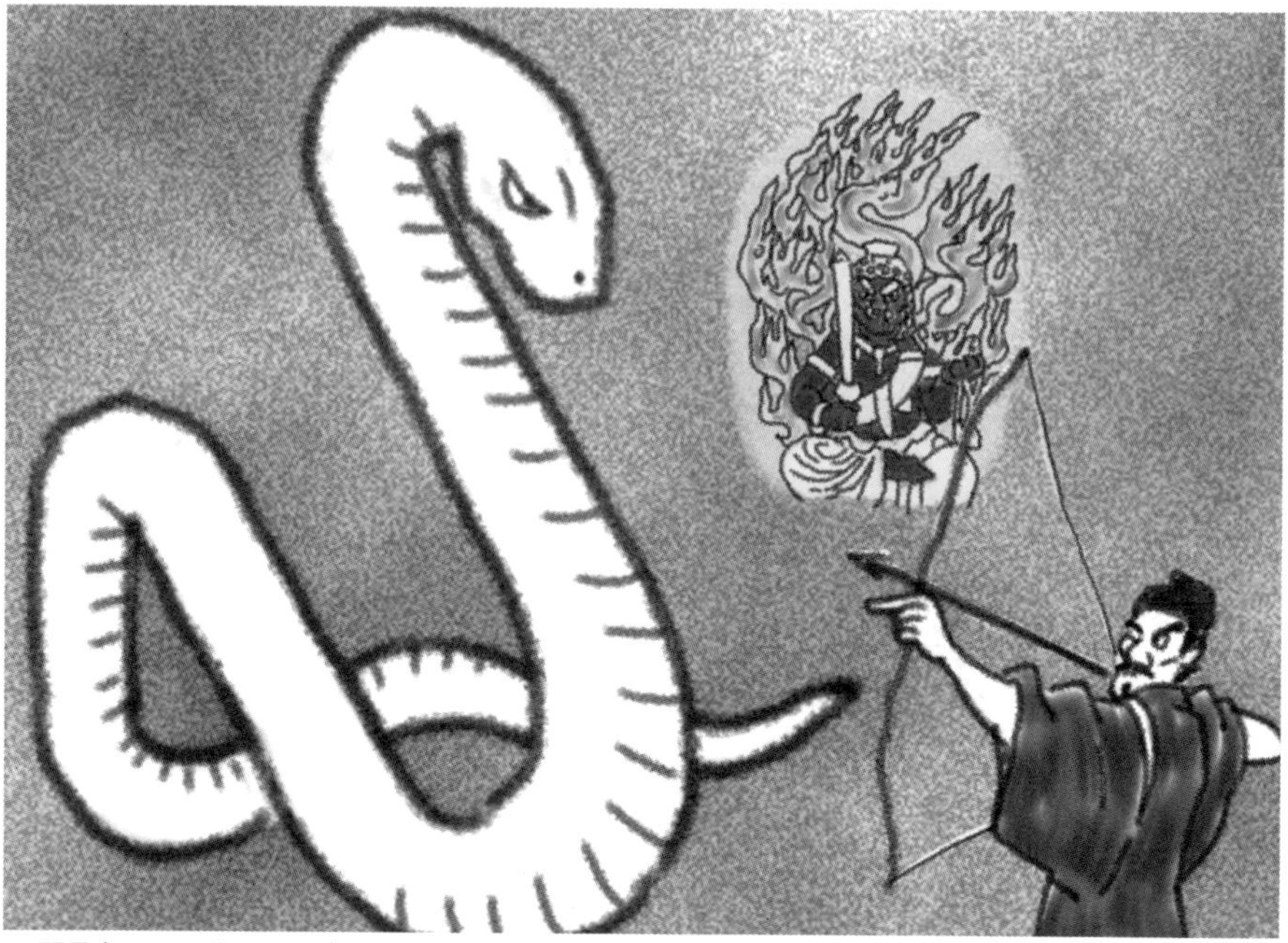

田面長者は、不動明王のご加護により、開発を邪魔する巨大な大蛇を死闘の末、退治することができた

戻してしまった。

長勝は長年の努力が水泡に帰し、失意のドン底に落ち込みはしたものの、なんとか村人たちのために美田を作ろうと念願して、先祖代々、長勝の家が帰依してきた不動明王に願を掛けた。そして、数日後、朝から蒸し暑かったので、涼を取るため再び大蛇ケ淵へ出掛けて畔にある大きな松の根に腰掛け、まどろんでいる最中に、夢の中に老人が現れた。そして「大蛇を退治する方法を教えてやろう。すぐ築堤工事を始めよ。もう少しで水底が出そうになり、この前、大蛇が現れた時と同じ状態になったら、決壊した場所の中央に行って大蛇を待て。必ず大蛇が現れるから、その時、弓矢にかけて両眼を射よ。その時に使う矢を二筋お前にやろう」と言い終わるや否や、煙のように消えてしまった。眼を覚ますと、なんと腰掛けている松の根の脇に二筋の矢が置いてあるではないか。

その翌日から、長勝は五、六人の腹心の従者と共に築堤工事を再開した。初めのうちは工事を見ていただけの村人の中から一人二人と工事に戻る人数が増えてきた。

五月に入ると雨が降り続き、月末に入ると、この豪雨のために折角の堤防が決壊したあの日と同じ水位に達した。

その頃、長勝は刀を帯び弓矢を手に工事現場に臨んでいた。ひとしきり雷鳴が激しさを増した時、両眼を光らせた長い大蛇の蜒《うね》りが長勝の方へ向かって来た。長勝は弓矢を取って大蛇との間合いを計り、不動明王を心に念じ終わった彼は大蛇の一眼を狙って矢を放った。確かに手応えはあったが、激しい稲妻、雷鳴、土砂降りの中、手負いの大蛇は長勝を目掛けて突進して来た。

続いて彼は二の矢をつがえて放とうとした瞬間、物凄い稲妻が彼の両眼を眩《くらま》し、矢を逸《そ》らせてしまった。万事休す、彼に迫った大蛇の大きな口が彼を一呑みにしようとした時、降って湧いたように現れた白衣の若者が大蛇に斬りつけ、しばらく両者の死闘が続いた挙げ句、若者はついに大蛇の首をはねた。その間、気温はグングン下がり、豪雨はいつの間にか大雪に変わっていた。

長勝の身を案じた村人たちがようやく彼を見つけたのは、若者が長勝を肩にして、今の大和田に戻って来た時だった。近隣の人々は枯れ葉や枯れ草を集め焚《た》き火をして若者と長勝を暖め労《ねぎら》った。これが大和田地区に今に伝わる藁《わら》焼き行事の始まりだという。

やがて村人たちが引き止めるのを振り払って、若者は別れを告げて立ち去って行った。長勝は後になってあの若者は夢に見た老人に似ていると思い、更に弘法大師描く不動明王画像に似ていることにも気付いた。

五月雨のそぼ降る中、水底は遂に顔を出したが、ただ一か所、今の大和田・大正地区の字首無し一帯だけは大きな沼となって残り、その深ささえ計り知ることができなかったほどだったという。人々はこの沼を大蛇の棲み家だからということで首無し沼と呼んだそうだ。

長勝は、この首無しの棲息地を除き、大蛇から解放して水田とした大蛇が淵の跡地全部を少しも私有することなく、村人に分かち与えたという。

なお、今から三十数年前に廃寺となった長勝院は、村人たちのために尽力した田面長者藤原長勝の菩提《ぼだい》を弔うために建立された寺と伝えられている。

（故 梶川能正氏著『首弁天由来記』を抄録）

8 業平と皐月の前の恋の道行き

草むらの中に逃げ込んだ業平らに 容赦なく野火は迫る

志木市柏町3－2

平安初期に田面長者の呼び名で知られた藤原長勝という豪族が現在の志木第三小学校の校地から長勝院跡の辺りにかけて館を構えていた。

長勝は京都の公家だったが、なにかの罪を犯して関東へ移され、初め武州松山に住んでいたが、故あって当所へやって来たのだという。ところが、ある日、東国へ下って来た在原業平《ありわらのなりひら》が各地をさまよい歩いた挙げ句、長勝の館を訪れた。

旧知の間柄だった業平の来訪に喜んだ長勝は、業平のために新しく館を造って住まわせた。そのうえ、絶世の美女の息女、皐月の前をかしずかせたところ、皐月の前には父親の定めた婚約者がいたにもかかわらず業平と良い仲となった。そこで二人は、ある夜、密《ひそ》かに手に手をとって館から脱出した。

これを知った長勝は激怒し、すぐに家臣に命じて後を追わせたが、逃げた先が草茫々《ぼうぼう》の武蔵野のこととて容易に発見できなかった。そこで、野に火をつけて逃亡先をあぶり出し、捕らえようということになり、追っ手の者が東南の窪地に火を放つと、折から吹き出した風に煽《あお》られ、火は瞬く間に枯れ野一面に燃え広がり、すさまじい勢いで西北の方に移っていった。業平と皐月の前は枯れ草の茂みに隠れていたが、野火が身辺近くまで迫ってきたので、とっさに皐月の前が「むさしのは　けふはなやきそ　若草の　つまもこもれり　われもこもれり」という一首を口にするや、さしもの猛火も二人の隠れていた場所の直前で止んだ。そこで見晴らしが良くなったために発見された二人

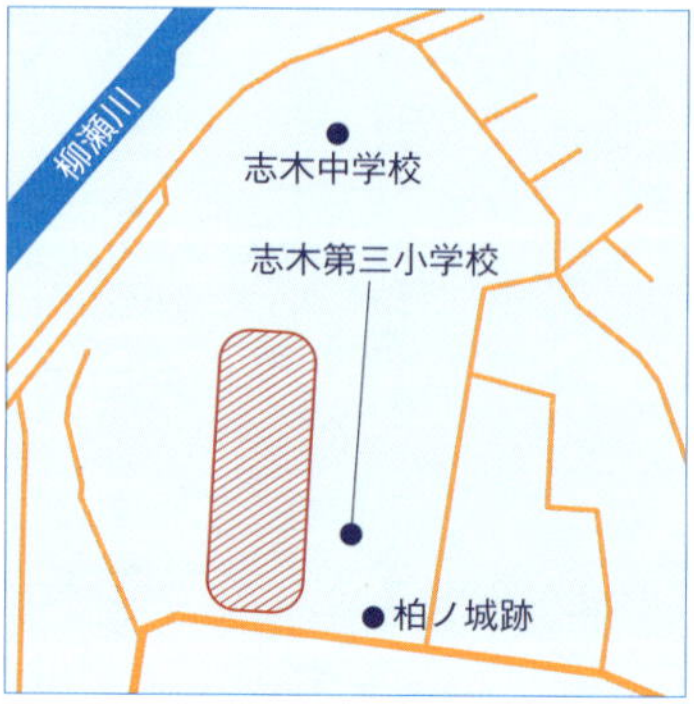

嘉永６年（1853）、秩父に赴いた江戸の人・渡辺渉園が、帰途、立ち寄り自らスケッチした当時の長勝院の風景〔出典：『秩父日記』〕

は館に連れ戻されたという。二人の隠れていたところが後の平林寺境内の業平塚で、野火が止まったために、この辺りを野火止と呼ぶようになったのだという。

ところで、業平がこの辺りにやって来たという伝説は、近隣各地に残されている。例えば、東久留米市南沢では、業平が笠を枝にかけ根本に腰を下ろしたという笠懸の松があり、新座市野寺の八幡宮の鐘には業平が詠んだとされる「武蔵野の野寺の鐘の声聞けば遠近人《おちこち》ぞ道いそぐらん」という和歌が彫られていたという。

また、さいたま市桜区神田《じんで》の身形《みのかた》神社縁起によると、身形は業平の形見を意味し、業平の地中に挿した筆が、いま同神社境内に茂るよし竹となって残ったのだという。朝霞市の膝折も、業平が騎馬で逃走中に馬の膝が折れたことによって名付けられたという説もある。

⑨ 柏ノ城落城記（『舘村旧記』による戦闘の詳細）

志木市柏町3－2

要害の地と過信していた 城の弱点を見破られあえなく落城

柏ノ城主大石信濃守は天文七年（一五三八）、関東管領上杉謙信が北条氏康を攻めに小田原に向かう途中、河越から武蔵野辺に押し寄せた時、柏ノ城にも寄せ来ると聞いたので、籠城の用意として兵糧を城に集め、堀を浚《さら》い、仮塀を掛けさせ、逆《さか》茂木を木戸に引っ掛けて待っていた。

程無く上杉勢が押し寄せて来て、陣取りをして鬨《とき》の声を挙げた。城中でも前から覚悟していたことなので、これに合わせて、同時に鬨の声を挙げた。

城主大石信濃守は表の櫓《やぐら》に駆け上がって敵勢を見ると、敵は雲霞のように垂れぎぬと引き幕を並べ、竹束を突き並べて戦闘の準備を整えていた。

信濃守は急いで櫓から跳び下り、士卒に命じて言うには、寄せ手は大勢だから、多分、鶴翼《かくよく》に開いて味方を包囲すると思われる。そうなった時は、味方は小勢だから、千に一つ勝ち味はない。だから、味方の軍勢は魚《ぎょ》鱗《りん》の形を取って敵陣の真ん中へ割って入って東西南北へ敵勢を駆け散らし、前後の敵に目を配って、大将らしい敵がいたら、組んで勝負を決めろ、雑兵の場合は矢で射て取るようにと。そして、前もって弓の上手な兵を繰り出し、番匠坂・千手堂・稲荷山の辺りに伏勢を隠しておいて、敵が城へ近付いたら合図によって横矢を射させ、城中からは火矢を打たせよ。また、敵が少しでも退却の気配を見せたら、追いかけ続け、溝沼・浜崎辺りの深沼へ追い落とし、洩らさず討ち取れなどと、細かい指示をして、対戦に備えた。

寄せ手は小高い所に陣取って城の様子を眼下に見下ろすと、東西三町南北二町ばかりの小城なのに気付き、た

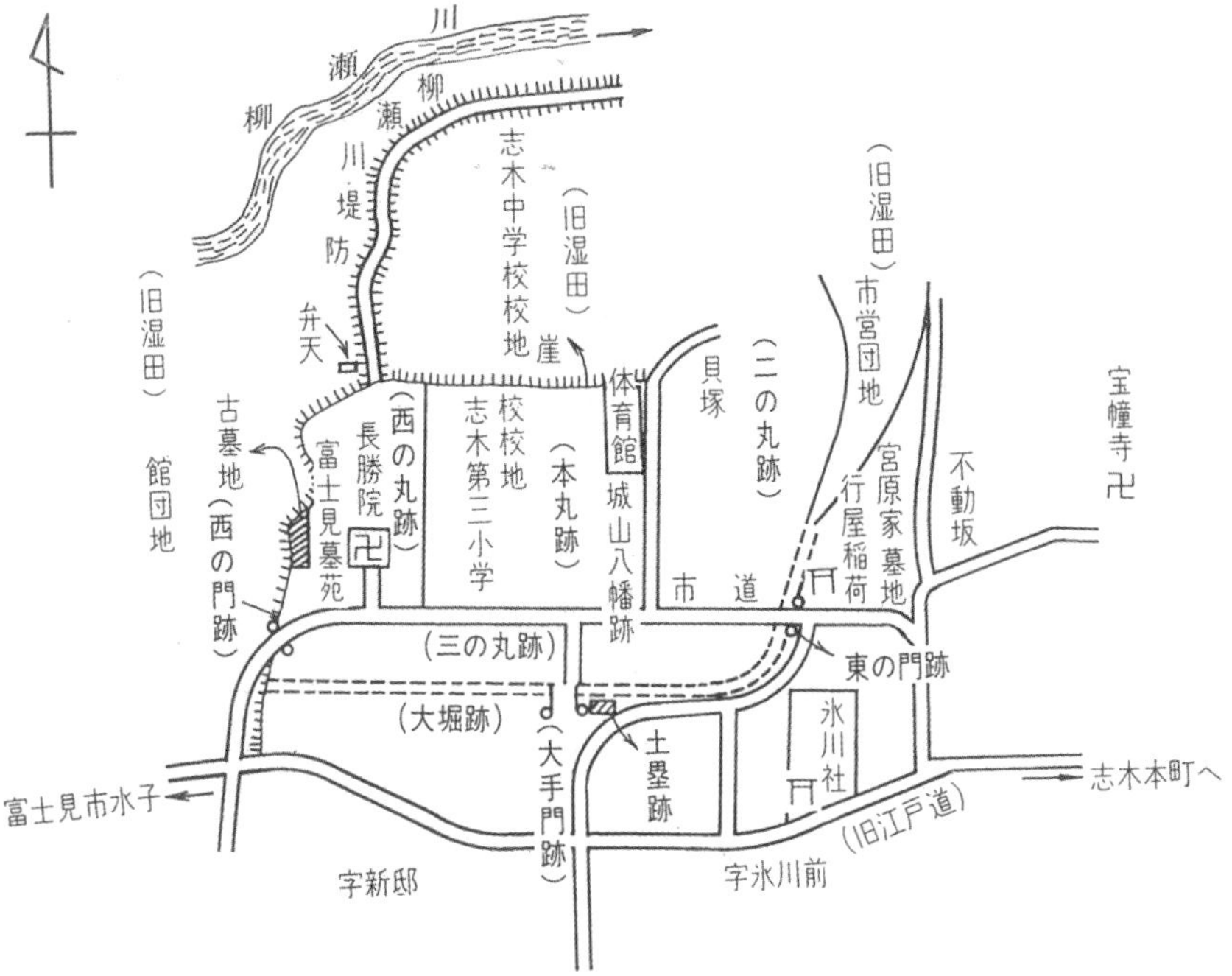

柏ノ城見取図

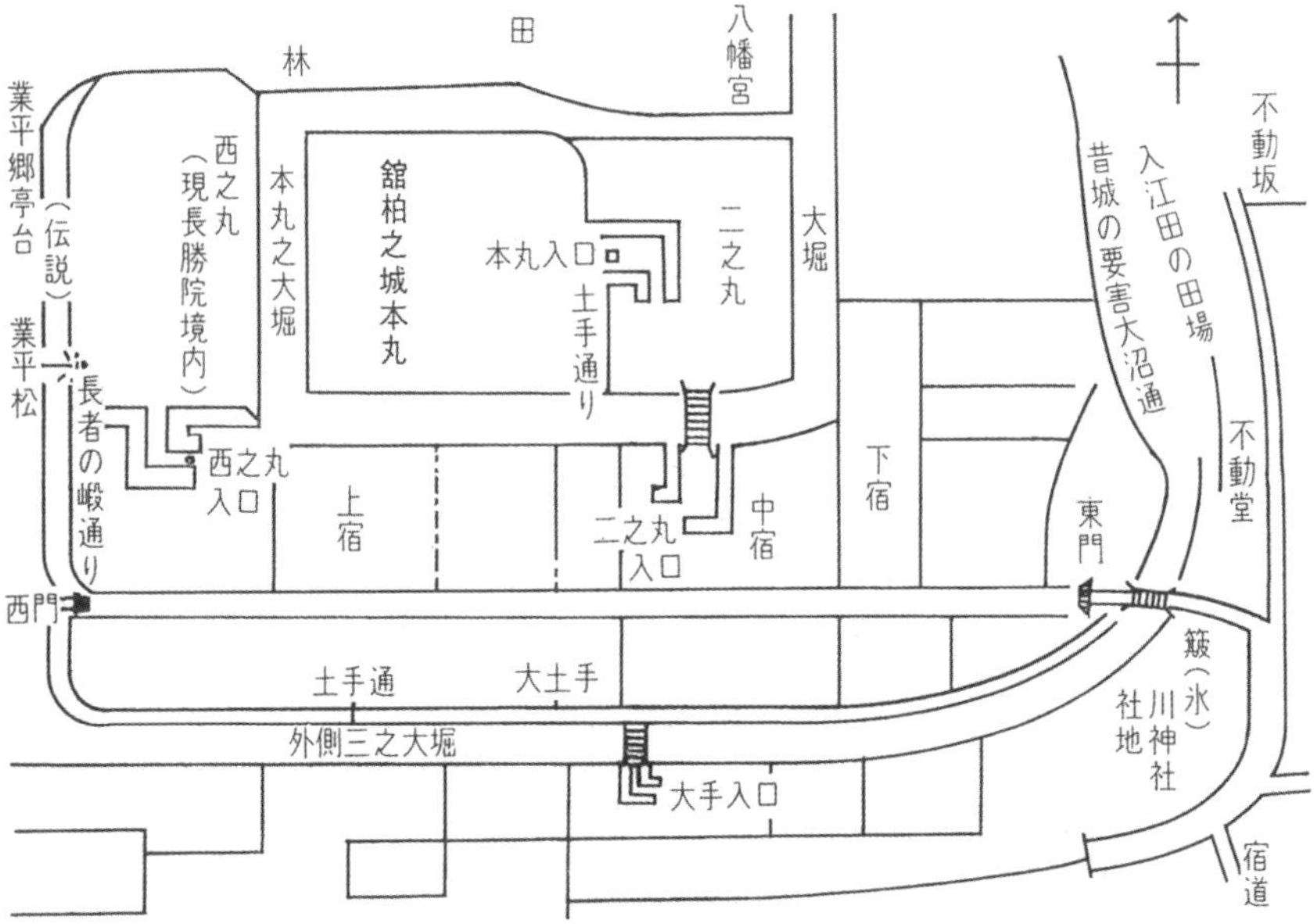

柏ノ城城郭図

だひと捻《ひね》りと多寡をくくっていた。

信濃守の郎従等は城戸を押し開いて切って出て、敵の群がる中へさっと駆け入れ、勇猛果敢に戦ったので、一時はかなり優勢だったが、味方よりもはるかに大軍の敵勢が接近戦から遠距離より矢を射立てる戦法に切り替えたので、味方も防ぎ兼ね、敗色濃厚になりかけた。その時、宮原主税・佐藤平馬という二人の若武者による獅子《しし》奮迅の働きによって一時は盛り返すが、主税の乗馬の頸《くび》や平馬の肩に矢が射込まれたりしたために城中へ退くと、味方の軍勢も気落ちして、その日の戦いは終了した。

ところで、柏ノ城は径僅かに三町ばかりの小城ながら、東西北の三方は大沼で、南方だけが平地だったから、寄せ手も攻めあぐみ、簡単には落城しそうになかった。ところが、寄せ手の偵察の侍が夜陰に紛れ、城の東北に回って沼の測量をしようと、狢《むじな》ケ崎から城の方を見渡すと、浅瀬の箇所が月影に映って見えた。これこそ好都合の場所だと思っていたら、そこから東の方の台地の通りに松・杉の植え込みがあるのに気付いた。これ幸いと、その松・杉を樵《きこり》に伐《き》らせ、夜の中に狢ケ崎の沼の浅い箇所に引き込み、その上にこもやむしろを敷かせ、熟練した若侍三十人余を選んで松明《たいまつ》を持たせ、そこから城の後方部へ忍び入れさせた。

城中の兵は東西北の三方は要害の地だと安心して、南の大手だけに兵を集めておいて、北には防備の兵を置いていなかったので、忍び込んだ敵兵は用意した松明に火をつけて家々の軒端に火を放ち、鬨の声を挙げて後方から切り立てた。城中は俄《にわ》かに動転して慌てふためき、上を下への大混乱となった。

この混乱に乗じて、城外の敵勢は大手の櫓を打ち破り、我先にと城内へと乱入した。前後の敵に挟まれた城中の兵は必死に戦うも、劣勢には抗しがたく、とうとう敵兵が信濃守の寝室にまで乱入する状態になる。信濃守は今はこれまでと切腹しようとしているところに敵兵が大勢折り重なって、湯殿で生け捕りにされ、殺害されたという。


注…天文七年当時、上杉謙信はまだ七歳だったので、越後から大軍を率いて小田原攻めをしたとは到底考えられない。恐らく永禄四年（一五六一）の間違いと思われる。

◉資料・『新編武蔵国風土記稿』に所収の柏ノ城跡の記述

舘迹　長勝院ノ東ノ方ニアリテ、同寺ノ境内ヘモ少クカ、レリ。今ハ畑トナリシカト、虚堀《からぼり》ノアト土手ノ状ナトワツカニ残リテ、当時ノサマ髣髴《ほうふつ》トシテ見ルヘシ。土人言、遠カラス世マテモ土手・堀ナト全ク存セリ。其後林ヲヒラキ畑ヲオコセシ時コホテリシニヨリ、右ノ状更ニ変セリ。今八幡祠ノアル所舘ノアリシ所ナリトソ。イカサマ北ノ方ニ崖アリテ、広サニ町ニ二町半ハカリノ要害ノ地ナリ。昔大石越後守コ、ニ居レリ。此人ハ小田原北条家ノ家人ナリシカ、天正十八年太閤《たいこう》秀吉ノ為ニ亡シト。按《あんずる》ニ大石越後守ハ多磨郡滝山城主大石信濃守カ一族ナルヘシ。天正九年北条武田両家ノ間和議破レケル時、駿河国分国境目ノ押ヘトシテ、同国獅子浜ノ城ニ越後守ヲ籠《こもり》ヲキシコト、小田原記ニ載セタリ。同十八年上方ノ大軍小田原ノ城ヲ攻シ時モ、コノ人同シ城ニアリテ終ニ寄手ノタメニ城ヲ明渡シケルヨシ北条五代記等ノ書ニ見エタリ。サレハ此時ヲノカ舘モ敵ノ為ニウチ亡サレシナラン。

⑩ 鼠騒動は阿弥陀像発見の予兆

志木市柏町3－9

世間を騒がせた鼠の太鼓演奏が切っ掛けで 川の中から阿弥陀像が見つかる

江戸前期のある年の晩秋の頃、新屋敷の太郎兵衛さんの居宅の寝室の下で太鼓を打ち鳴らす音が近隣の一町四方に聞こえるほどだった。太鼓を打つのは決まって夜八時から十時の時間帯。ある晩、太郎兵衛さんが様子を伺っていたところ、老鼠の呼び掛けに応じて、家の各所に散らばっていた子鼠たちが西の桁、北の桁から仲間を呼び合って北西の角柱からゴソゴソと降りて来ると、間もなく老鼠の指揮に従い手際良く演奏を始めることも分かったのには驚きだった。しかもそのバチの音はまるで人間が打つように上手に聞こえたので、聞く人すべてが感じ入ったという。

その話を聞いた村人たちから、ぜひ実地見聞したいという希望が寄せられたので、家の中を改造して大勢の人が集まれるようにした。数日後、村内の老若男女は言うに及ばず、近村も含めると数百人がやって来た。そこで、当時、祈祷や占いで有名だった鶴馬村の朝日巫女《みこ》を呼んで氷川大明神の神前で湯の花を捧げたところ、その晩から太鼓を打つ音が止んだという。しかし、その数日後から、また復活して六晩も続いたので、古今に例のない珍事だけに、人々は狐か狢か狸など、あるいは化け物の仕業に違いないと取り沙汰するようになった。

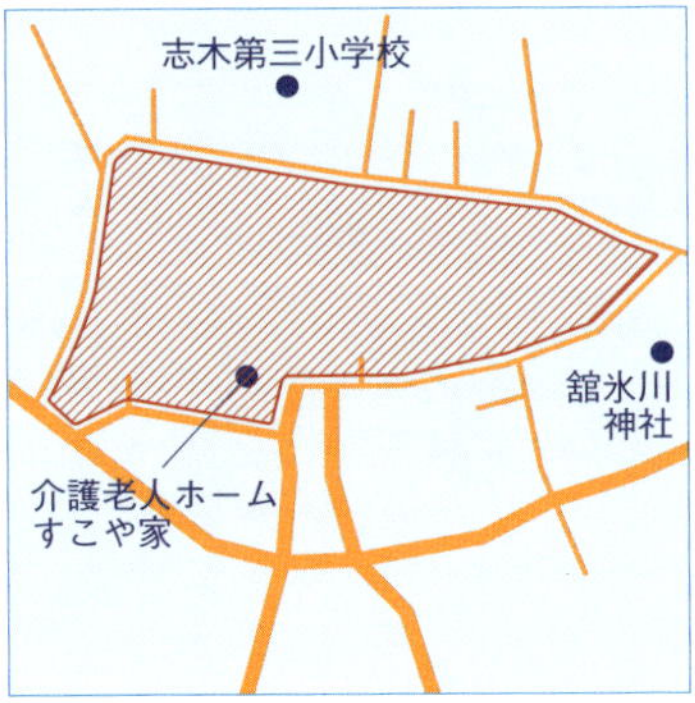

この鼠の太鼓演奏は吉か凶かといっているうちに、太郎兵衛さんが中年になってやっと生まれた秘蔵っ子の三歳の子が亡くなったということで、太鼓演奏は凶事だと悟った。

愛児に先立たれた悲しみを忘れようと、太郎兵衛さん夫婦は江戸に出て三年間、奉公してから郷里へ帰って太鼓の音がする例の家に戻ったところ、春から太郎兵衛さんは病床に伏せるようになった。夏になっても回復しないので、占いをしたり祈祷をしてみたが、それでも治らない。ある占い者が「家内に二本ある栗の柱が不吉の元凶。これを取り除いて、その跡の土を川に流したら良かろう」と言う。言われて早速、家の中を探してみると、確かに寝室に栗の柱があった。そこで、享保十五年（一七三〇）七月十八日に隣家の住人を雇って、その栗柱を掘り出して行人の学道に渡し、占い者の教えのように、その跡の土を川に流したところ、川の中に光明が輝いて見える。人々は驚いて川の中を探してみると、長さ三寸の阿弥陀《あみだ》如来像が出現した。急いで川の中から取り上げ、巫女を招いて湯の花を捧げたところ、弥陀八幡宮と仰せらるべしとの託宣があった。そこで、太郎兵衛は屋敷の中に宮を造立して八幡宮と名付けた。

　このお宮に参拝すると、諸々の願望が叶ったので、初めのうちは参詣人の数が大変多かった。しかし、その後、参詣者がだんだん少なくなった様を見て「年を経て出現したる御仏も、むだ八幡と成るぞおかしき」と落書きをした者がいたという。

　この八幡宮は、その後、ご神体が紛失してしまったので、すでに江戸中期にこのお宮は消滅してしまったと言われている。

阿弥陀像発見者の屋敷跡は、今は介護サービス施設の近くに

⑪ 紛失した手拭いの行方と猫の大宴会

志木市柏町3−1

手拭いは猫には宴会の必需品だったのだ

明治中期の頃、当時まだ四、五歳だった子供が祖父から聞いた話を老齢になってから懐かしく思い出し、文集『いちば』に投稿したものが本稿である。

明治二十年代の半ば頃、長勝院の付近の家々で手拭いを干していると、いつの間にか手拭いが紛失するという事件があちこちで頻発した。手拭いは値段の安いモノだけに、わざわざ他人のものを盗んで金に換えるなんてことは想像すらできないことだった。さりとて、おだやかな天候が続いたその頃、強風が吹いた覚えもなかった。従って、干した手拭いが風で吹き飛ばされるということも考えにくかった。この手拭い紛失事件は気味悪さも手伝って地域住民に不思議がられる大きな関心事となっていた。

ところで、ある時、舘村のお百姓さんが隣村の水子に所用があって出掛けることがあった。訪問した先で時が経つのを忘れるほど話が弾み、気がつけば夜の帳《とばり》が落ちようとする遅い時刻になっていた。これでは家の者が心配するだろうと帰り道を急いだ。しかし、いつも水子への往復に利用してきた近道の木橋はその頃夜になると追剥ぎが出没するという噂《うわさ》がよく聞かれていたので、大事をとって、長勝院の裏手に回り、柳瀬川の浅瀬を渡ることにした。幸い、月夜の晩だったので、月の光に照らされて浅瀬を見付けるのも容易だった。早速、着物をたくしあげて対岸に無事到達することができた。

川を渡り切ると、なにやらにぎやかな物音が森の中から聞こえて来る。その音に誘われて近付きそっと覗《のぞ》いて見ると、驚いたことに何十匹とも知れぬ沢山の猫が集

柳瀬川の対岸から遠望する志木中学校付近。この辺りで猫の大宴会が行われていたか？

まって大宴会の最中ではないか。集まっている猫をよく見ると、どの猫も手拭いを被《かぶ》っている。中には、そのお百姓さんが時々買い物をする呉服屋さんの名入りの手拭いを被っている猫もいた。そして、思い思いに酒を飲みながら、踊ったり、跳ねたり、歌ったりの大宴会まさにたけなわといったところだった。

その時、一匹の猫が「これっ、右京婆が遅いなぁ」と隣の猫に話し掛けているところに、年寄りの猫が息せき切って宴会場に跳び込んで来て、「今日はエライ目に遭わされた。熱い粥を食わされたんで喉を焼いちゃったから今日は吹けん」と言っている。右京は本当は今日も宴会の締めに笛を吹くことになっていたらしい。

今どきでいうなら、猫の大宴会の目撃情報は大変貴重なスクープになるはずのものだったが、それにもまして、長勝院付近の民家での手拭い紛失事件が猫の大宴会に出席の猫が被るための必需品として失敬されたものと分かり、地元民の不安を取り除いたのはメデタシメデタシと言わざるを得ない。

⑫ 高橋に現れた妖怪

志木市柏町2－3

脅しをかけた侍に切りたてられて川の中へ

柏町二丁目にある古刹寶幢寺《ほうどうじ》の脇から富士見市の水谷東小学校に抜ける道路が、柳瀬川を横切る場所に架けられた橋は、現在でも高橋《ばし》と呼ばれているが、その橋で起きた出来事が、これから紹介する二つの話だ。

【第一話】昔、舘村（現志木市柏町・幸町）の柏ノ城の城主・大石信濃守の家臣で小原左門という名の侍が、たまたま用事があって難波《なんば》田《た》弾正《だんじょう》を城主とする難波田城へ出掛けた、その帰りの時のこと。

頃は神無《かんな》月《づき》（旧暦の十月）の上旬というから、新暦に直せば十二月頃か。時雨そぼ降る朧《おぼろ》月夜は更けて、丑《うし》三つ刻《とき》（午前二時から三時半）、左門は栗毛の馬にまたがり、供も連れず、ただ一騎でこの高橋までやって来た。その時、二十歳ぐらいの艶《あで》やかな美女が、たった一人でその橋の袂《たもと》に立っており、左門が橋に近づくのを見て声をかけた。

「私は川越在の者ですが、事情があって舘辺りまでやって来ました。あいにく日が暮れてしまったので、方角が分からず困っています。どうか行く道を教えて下さい」

左門はこれを聞いて親切に、「舘というのが確かなら、行く道を教えて進ぜよう。わたしの後をついて来なさい」と言うと、女はうれしそうな様子で、後を慕って橋の南の袂に来るような素振りを見せた。が、やおら左門の乗っている馬のシッポを鷲掴《わしづか》みにして引き揚げた。

危うく落馬しそうになった左門が振り返って見ると、女は最初見た時とは似ても似つかない、八十を超えた老婆というだけならばまだしも、物凄《ものすご》い形相の鬼女だった。

左門は鬼女をキッと見据え、「お前は、わたしを脅かす化け物だな！いでモノを見せてやるぞ」と言うなり、一メートル近い太刀を引き抜いて斬ろうとすると、鬼女は橋の欄干に跳び上がり、左門目掛けて跳び下りるばかりに見えたが、その様は、身の毛もよだつほどだった。しかし、左門は少しも恐れることなく、鬼女の脚に斬りつけると、老婆に化けた妖怪は、川の中に落ちてしまった。

若い女が姥《うば》の（老婆のこと）の

現在も柳瀬川に架かる高橋

姿に化けて現れたので、それ以後この辺は姥袋と呼ばれるようになったという。

【第二話】江戸時代のある日のこと、一人の侍が村の名主宅を訪れ、川向こうの村に用事ができてやって来たが、渡る橋がなくて困っている。なんとか橋を架けて向こう側に渡してくれとの熱心な要請を受け、名主は特別に橋を架けてやった。

侍は名主の好意に喜んで橋を渡りかけようとすると、反対側から手拭いで頬かぶりをした若い娘が、どこからともなく現れ、「橋が狭いので、お手をどうぞ」と、侍の手を引いて案内してくれるような素振りを見せた。

手を引かれるままに、侍は橋の中ほどまでやって来たが、なにげなく頬かぶりの手拭いの陰から覗いて見えた娘の顔は鬼か化け物かというようなものすごいもの。一瞬、侍はびっくり仰天したが、そこは武勇に自信のある侍のこと、引かれていた手を振り払うと同時に刀の柄に手を掛け、抜き打ちにできる態勢に入ったその瞬間、化け物は川に跳び込み、姿が見えなくなったということだ。

⑬ 篠崩れの不思議

志木市柏町1－6

魚捕りの名人、川底で異様な姿のお婆さんに際会

昔、ある晩、中野地区の一人のお婆さんが行方不明になるという事件が起きた。近所の人たちも総出で懸命に探したがどこにも見当たらない。あと考えられるのは、川、中でも川幅が広く底も深く、柳瀬川で最も難所と言われた篠崩れぐらいということになり、潜りの名人と言われた漁師の田島佐吉爺さんに白羽の矢が立って、水中の捜索は爺さんに託された。頼み込まれた佐吉爺さんは、篠《ささ》崩れが非常な難所だということは十分知っていたし、老齢の身であるだけに、できることならこの依頼を断りたかった。しかし、自分以外にこの難題に対処できる者がいないことは佐吉自身が一番よく知っていたので、やむなく川の中に潜ることになった。

水の中をあちこち捜しているうちに、淵の一番深い所に、人間のようなものが一人うずくまっているのを発見した。川の底でも水の流れは速く、当然のことながら、佐吉爺さんの白ふんどしの垂れ布は川下に向かって流れているのに、不思議なことに、底にうずくまっている人の髪の毛は、その反対の川上に向けて長くたなびいているではないか。

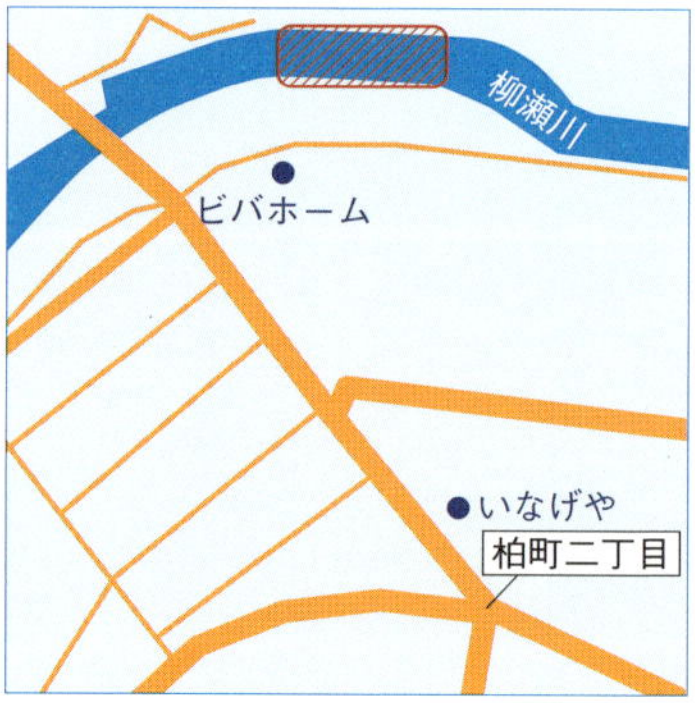

爺さんは髪の毛のこの異様な様子を見て薄気味悪く思ったが、なんとなくそこにいるのが例のお婆さんのような気がして、早く助けてやろうと両腕で力いっぱい抱き上げ、水面に引き上げようとした。しかし、どういうわけかビクとも動きはしなかった。そのうち長時間水中にいたので呼吸が苦しくなった爺さんは、一度水面に顔を出し、深呼吸してもう一度潜ってみた。ところが、この人間のようなものが水の中で何か言っている。よく聞いてみると、「お前はこの川で一切漁をしてはならん。

志木市柏町の高橋から望む柳瀬川下流。この辺りに難所の篠崩れがあったという

また、ここにわしがいることを、あと三年誰にも言ってはならんぞ」と言っているではないか。度胸のいい漁師としてこの辺りでは少しは知られた爺さんも、すっかり度肝を抜かれ、全く生きた心地さえしなかった。恐怖のあまり、ぶるぶる震え上がった爺さんは慌てて岸へ上がっていった。そして、成果を期待して岸辺で待っていた村人たちに「どうだ。お婆さんはいたか」と問い掛けられても答える気力もなく、ただ首を振って、いなかったことを示すのが精一杯だった。

翌日、篠崩れから四キロも上流に当たる大和田（新座市）の人が、気抜けしたお婆さんを家に連れて来てくれた。その時、村人たちはお婆さんは狐に化かされて大和田に行ったんだろうと噂《うわさ》しあった。

佐吉爺さんは、その日以来、柳瀬川では漁をせずに新河岸川でばかり魚捕りをしたそうだ。

村人たちは、どうしたわけだろうと不思議がったが、爺さんは篠崩れの川底で言われた言葉を守って、そのわけを説明しなかった。その理由や川底で見た気味の悪い出来事について爺さんが口を開いたのは、それから三年過ぎてからのことという。

⑭ 汗かき不動

志木市柏町3−5　行屋不動堂

汗をかいて凶事を知らせた不動像

防衛道路と柏町通りが交差する、いろは遊学館下の地点から富士見橋方向に向かい、舘氷川神社の手前を第二福祉センターを目指して歩を進めると、間もなくセンターの手前で小さい坂を下る。昔、柏ノ城が落城した頃、この坂の途中から木造の不動像が出土したので、この坂は不動坂の名で呼ばれるようになったのだという。

初めは、この不動像は坂のそばに立つ松の木に立て掛けられていたらしいが、江戸時代を通して舘村の名主を務めた宮原家の二代目弥七郎がこのままでは朽ちてしまうと、市立志木第三小学校へ行く途中の右側にある宮原家墓地の隣接地に堂を建ててこの木像をその中に納めた。更に、寛永年間（一六二四〜四四）になって宮原源右衛門（弥七郎の曾孫）が善海という行者にこの堂を行屋として使用させることになったのだそうだ。その後、善海は弟子の万海にこの行屋を譲ったが、ある時、この木像が盗人に盗まれてしまった。当時あちこちの寺に盗人が入って仏像を盗むという事件が頻発していたので、宮原源右衛門は慶安元年（一六四八）に今度こそ盗み出されないようにと鉄身の不動明王を鋳造させて祀《まつ》った。これが現在の鉄製不動明王像だ。宝永七年（一七一〇）に宮原源右衛門は一畝十五歩を寄付するとともに願主となって今の行屋を建立した。

このようにこの行屋は代々宮原氏が建立・管理したほどに宮原氏と関係が深かったから、宮原与左衛門が元禄三年（一六九〇）の頃、公儀に背いて八年間名主役を召し上げられた時にも、この鉄身不動が体中から汗を出したことがあったし、享保八年（一七二三）七月十八日に

は広紙壱帖を湿すほどに全身から汗をかいたと当時の行者学道から通報があった。そこで、事前に良くないことを知らせてくれるなんて、こんなに有り難いことはないと家族全員が鉄身不動にお礼に参拝に行ったくらいだ。

　ところが、同月二十五日に『舘村旧記』の著者宮原仲右衛門の父源右衛門がにわかに心臓の痛む病気を発して病状が次第に重くなり、翌年の二月十二日に亡くなってしまった。後でよく考えて見るに、この前兆によって源右衛門が死んだような気がする。このお堂は仲右衛門の曾祖父源右衛門が建立しただけに、子孫に変わったことがある時はこのような前兆によって知らせてくれるのは有り難いことだと一旦はそう思ったが、その後も、かの不動尊が全身から汗を出すことがあり、この時も宮原家にとってよくないことが起きた。

不動坂を下る手前を左に曲がってすぐの右側、赤い鳥居をくぐった先にある「行屋不動堂」。この中に「汗かき不動」が安置されている

　よくよく考えてみると、この不動像は銑鉄で鋳造してあったのだ。銑鉄は必ず春、夏、秋の間に水を出すものだと人々は言う。この理屈は成る程と思ったが、たとえ不動像の原材料がなんであれ、宮原家の先祖が建立した不動像だけに、本当に施主の子孫を守るのならば、悪いことばかりを兆《きざ》すのではなく、良いことを兆しても良いはずだ。それなのに、悪い時だけ汗を出すのは仏の冥加とも思えない。このことをもって想像するに、この不動は源右衛門の子孫を守るどころか、かえって不吉の相を現すのでは邪気あるものだから、厨子《ずし》を作ってそれに納めてしまえと、仲右衛門が箱厨子を作らせてそれに封じ込めたので、それ以来、何事も起こることはなかった。

　とにかくこの一連の出来事をもって、万事、各々が不動像に現れる些細な現象に魂を奪われ吉兆の判断をしないよう、子々孫々に至るまでよく心得るべきものだと『舘村旧記』の著者宮原仲右衛門はしみじみと述懐している。

⑮ 椋の実と坂上田村麻呂

椋の木の実で、田村麻呂率いる軍勢、包囲の賊兵を打ち破る

志木市柏町3－6　舘氷川神社

延暦年間（七八二〜八〇六）のこと、坂上田村麻呂は征夷大将軍として、軍勢を引き連れ朝廷にまつろわぬ蝦夷《えみし》の征伐に向かうことになったが、その途中、武蔵野で行く手を阻む強力な賊兵に遭遇した。

一進一退の激戦が何日も続き、しまいには持ってきた食糧も食べつくしてしまうほどの悪戦苦闘だった。そこで、この難局を切り抜け、賊徒を倒すには、武蔵国一の宮の氷川神社のご神威を借りるほかないと悟り、田村麻呂は、部将に戦闘の指揮を任せたうえで、自分は数人の部下と共に馬に乗り、迂回《うかい》コースをとって氷川神社に赴き、戦勝を祈願した。

祈願を終えて戦場に戻る道すがら、田村麻呂は枝に実をたわわにつけた椋《むく》の木を発見、よい食糧を見付けたと喜び勇んだ田村麻呂は、部下と一緒に夢中になってその実を取り始めた。そして、やがて一つ残らず取りつくすと、馬を疾駆させて、急いで戦列に復帰した。

空腹で疲れ切っていた将兵一同は、この実を食べて、元気を取り戻し、やがて頑強な賊兵を打ち負かすことができた。

田村麻呂は、この勝利は氷川神社のご加護によるものと感謝し、椋の木のそばに新たに氷川神社を勧請《かんじょう》した。これが柏町の舘氷川神社の起源だという。また、今でもこの神社の境内の納札所内に朽ちかけた椋の古木が立て掛けてあるが、これこそが田村麻呂らの危急を救った椋の木だと言い伝えられている。もっとも、一説には樹齢一千年ともいわれるこの椋の木は、ご神木としては二代目で、それ以前には社殿の背後にあった欅《けやき》がご神木だっ

たともいわれている。

ところで、田村麻呂の蝦夷征伐は第一回の延暦八年（七八九）を含め少なくとも四回はあったらしいが、志木などの武蔵野方面にやって来た時期がそのうちのどれに該当するかははっきりしない。征夷大将軍に任命されて以後ということになると、延暦十六年（七九七）以後になろうか。田村麻呂の軍勢が敵に包囲され苦戦した時期は、初夏とはいえ気温がひどく下がっていたらしく、地元民が冷えきった田村麻呂の軍勢に暖をとらせるため各家々の*ジョウグチでバカヌカを燃やしたと

舘氷川神社の社殿右側にある納札所

いう。これが新座市の野火止や中野等の近隣に今なお残るノゲのイブシ（新座ではノゲエブシという）の民俗行事だ。入間・比企両郡を中心に広い地域で月遅れの六月一日に小麦のバカヌカを家のジョウグチで燃やして暖をとる風習は、延暦二十年五月三十日に、観音様の加護を得た坂上田村麻呂が老幼を害したり田畑を荒らす悪龍を退治したという東松山市の岩殿観音関連の伝説のように田村麻呂に関連づけられているものが多いようだ。

このほか、田村麻呂の関係では、児玉町と美里町には将軍が駒を繋いだ松、秩父郡の皆野町には将軍が凱旋の時に神社の加護に感謝して大旗を掲げた杉の巨木があるという。

＊注…屋敷内の通路の、公道への出口

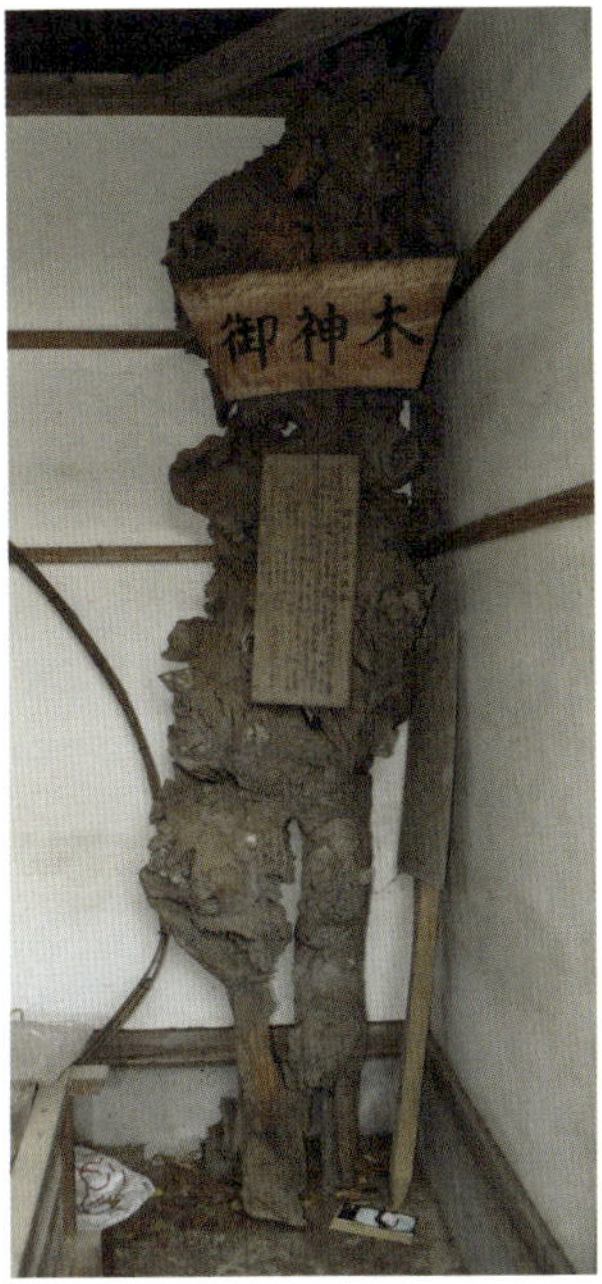

納札所右奥の伝説が記された椋の木

⑯ 寶幢寺の和尚、カッパの命を救う

志木市柏町1−10−22　寶幢寺

命を助けられたお礼に鮒を寺に届けたカッパ

志木は街の至る所にカッパの石像が造立されており、その数二十二体にも及ぶという。しかし、この石像が初めて建造されたのは意外に新しく平成四年のこと。寶幢《ほうどう》寺境内の文殊堂の前に佇《たたず》むカッパ像がそれだ。これは大正六年（一九一七）に日本民俗学の創始者柳田国男が著した『山島民譚集』の中に当寺に関わるカッパの伝説が収録されていることを知った当時の住職金剛洋一氏の賛同を得て中野大門会が制作したもので、制作者は幸町に住む石匠・故星野潤一郎氏。伝説に忠実に従ってカッパ像の手の平に二匹の小魚が載っているのもうれしい。その後、年を逐《お》ってカッパ像は数を増していくが、これらはすべて前志木市教育委員長の内田栄信氏の労作。今では志木のゆるキャラもカッパをデフォルメした、現在人気沸騰中の「カッピー」や「カパル」だ。

ところで、柳田が『山島民譚集』に採録したカッパの伝説は、文化六年（一八〇九）に国内の珍奇な話、興趣溢《あふ》れる話を集めた『寓意草』が原点（著者は残念ながら不明）だ。

その概略を紹介しておこう――。

武蔵国川越の近くの舘村には荒川の支流で引又《ひきまた》川という小さな流れがある。この川にはカッパがいて、馬や人を引きずり込むことがよくあった。

ある時、この近くの寶幢寺の小僧が寺の馬を洗おうとして、馬に乗ったまま川の中に乗り入れた。ところが、馬が急に川から躍り出たので、小僧は落馬して一瞬気を失いかけながらも、走り去る馬の後を追った。寺の厩《うまや》まで走って帰ると、そこには興奮状態の馬がいた。どうしたのかとよく見ると、そばに十歳ぐらいの童《わらべ》状のものが

いた。小僧の手に絡んでくるのを隅の方へ払いのけて、捕まえてみると、カッパだった。馬に強く踏まれて痛み苦しんでいるのを引き出し、「川で常日頃悪さをしているのはこいつだろう。焼き殺してしまえ」と、集まって来た人たちが薪を積んで焼き始めようとした。

　カッパはハラハラと泣きながら手を合わせて許しを乞うた。和尚もこれを見て、あまりにも哀れに思い助けてやろうと、集まった人々に助命を求めた。そして弟子にしてやろうと衣を着せ、処刑の場から遠ざけて、今後、必ず人を襲ったり馬を傷つけたりしてはいけないよと諭すと、カッパは地に伏して泣いた。人々も不《ふ》憫《びん》に思って川べりまで連れて行って川に放つと、泣きながら水中に戻って行った。

　翌朝、そのお礼だったのだろうか、和尚の寝ている枕元に鮒《ふな》が二匹置いてあった。そして、それ以来、人馬が川で命を落とすことはなくなったという。

　一説には、カッパを助けたのは住職ではなく、寺のご本尊のお地蔵さまだったともいう。

寶幢寺の文殊堂前にあるカッパ像。伝説を後世に伝えようと平成４年に有志の寄付によって建立された。志木市内の多くのカッパ像の第１号

◉資料・『山島民譚集』（柳田國男 著）に所収の記述

東京近傍ニ於テハ武蔵北足立郡志木町、旧称ヲ舘村ト称スル地ニ於テ、引又川ノ河童寶幢院ノ飼馬ヲ引カントシテ失敗ス、馬ノ綱ニ搦メラレテ厩ノ隅ニ倒レ馬ニ蹴ラレテ居リ、和尚ノ顔ヲ見テ手ヲ合ハス故ニ、同ジ誓言ヲサセテ後之ヲ宥ス。此河童モ甲斐飛騨其他ノ同類ノ如ク、翌日ノ夜明ニ大ナル鮒ヲ二枚和尚ノ枕元ニ持来リ、当座ノ謝意ヲ表シタリト云ヘリ。

⑰ 寶幢寺への朱印状下賜の異聞

志木市柏町1−10−22　寶幢寺

舘村名主の外舅が本多佐渡守から早く情報を貰えたことが幸いした

三代将軍家光は、鷹狩りのため志木界隈を訪れる機会が多かったらしく、その都度、寶幢寺で休憩されたようだ。その時の住僧承圓の謁し方がたいへん将軍のお気に召したようで、やがてこれが十石の寺領を諸役免除とするご朱印状を賜る切っ掛けになったとされている。

これは幕府編纂の『新編武蔵国風土記稿』にも記されていることなので確かな史実といえよう。しかし、一方ではこれと全く違った経緯でご朱印状が下賜されることになったという話も伝えられているので、それを紹介しよう。

地元の柏ノ城の家老だったとの伝承もある宮原家の五代目源右衛門の外舅《がいきゅう》で公儀の御《お》肴《さかな》御用達を務めていた星野七郎右衛門という人物が、当時、江戸の小船町三丁目に住んでいた。七郎右衛門はその頃の老中本多佐渡守に目を掛けられていて時々召し出されては御膳のお相伴を仰せつかることがあったという。ある時、朝御膳のお相伴に呼び出されてお屋敷に伺ったところ、御膳が済んだ後で酒を下されたうえ、仰せられるには、「さて七郎右衛門よく承れ、来年七月は家康公の三十三回忌に当たるので、ご追善のために日本国中で一か国に一か寺ずつご朱印地を下されることが決まった。なんと結構なご追善ではないか」とのこと。七郎右衛門はこれを聞いて、「恐れながら大変よろしいご追善でございます」と答えた。

佐渡守にその後、夜《よ》伽《とぎ》のお相手を申し付けられてお屋敷に伺った折りに、「先達てお話を頂いた家康公ご追善のために国々の寺院へご朱印を下賜される件でございま

すが、手前恐れながらお願いがございます。手前の甥で源右衛門と申しますのが川越在の舘村という所に住んでおります。その村には真言宗寶幢寺という寺があり、以前から高十石の除地を持っております。恐れながら、この寺の除《じょ》地《ち》をご朱印地にして頂きとうございます」と申し上げた。この要望は佐渡守の御意にかなったようで、「それは良いことじゃ。その源右衛門に寺の住持を差し添えて、早速奉行所に願いに

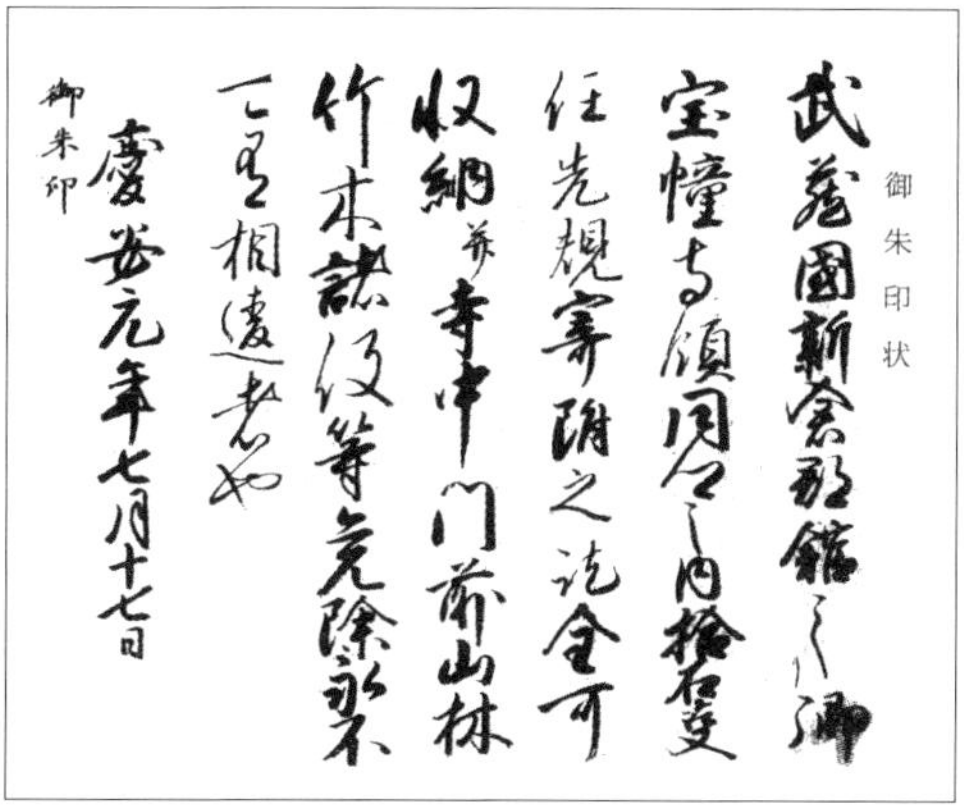

武蔵国新倉郡舘之郷宝幢寺領同郷之内拾石事、先規に任せ之を寄附し訖んぬ。全く収納すべし、并に寺中門前山林竹木諸役等、免除永く相違有るべからざる者也。
慶安元年七月十七日

今でも寶幢寺に残るご朱印状の写し（左掲は読みくだし文）

出頭させよ。二人とも田舎者で奉行所の様子も知るまいから、お前も付き添うように」とご懇切なる仰せを頂いた。七郎右衛門は「早速お聞き届け頂き、身にあまる感謝の気持ちでございます」とお礼を申し上げ、早速舘村に飛脚を立てて吉報を知らせたので、源右衛門はこれを直ちに寶幢寺にも知らせた。大喜びの両者は直ちに願い書を奉行所に提出。その結果、翌年の慶安元年（一六四八）七月十七日に、寶幢寺領の新御朱印地拾石の免除が正式に決まった。

　星野七郎右衛門、宮原源右衛門は二人の格別の働きにより除地拾石がご朱印地となったことを後世に伝えるため、慶安二年に二人と源右衛門の息子治郎兵衛の三人の名前を刻んだ釣り鐘を新たに鋳造したと伝えられている。

　慶安元年以後も将軍が替わる度に、新しい将軍の名前によるご朱印状の発給が続いたようだ。

　慶安二年鋳造の釣り鐘は、その後、響きを失ったので、享保年中（一七一六～三六）に再鋳されたが、これも太平洋戦中に供出の憂き目に遭い、現存していない。

⑱ ほっぺに黒アザのあるお地蔵さん

志木市柏町1−10−22 寶幢寺

恥ずかしさのあまり、お地蔵さんはお厨子の中に引き籠る

志木市をはじめ、隣接の新座・朝霞・富士見の各市域にかけ一千数百戸の檀家《だんか》を擁する大寺、寶幢寺のご本尊の右頬には、黒いアザがあると言われている。それには次のような事情があるのだそうだ。

お地蔵さんは、隣村の宮戸（現朝霞市）に、鄙《ひな》には希《まれ》な綺麗《きれい》なお嫁さんが嫁いで来たことを檀家の人たちの噂《うわさ》話から知り、深い関心をお寄せになった。ある日、お地蔵さんは、住職や小僧などが出払った隙を見て、のこのこと宮戸まで出掛けて行かれた。日がな、お厨子《ずし》の中に籠り切りのお地蔵さんにとって、目に映る娑婆《しゃば》の景色はとても新鮮で、魅力的だったし、しかも綺麗なお嫁さんに会えると思うと心弾み、足取りも軽く感じられた。

引又の街を抜け、谷津地を流れる野火止用水を渡ると、もう目的地の宮戸村だ。村に入って畑で農作業をしているお百姓さんから、綺麗なお嫁さんのいる家の在処《ありか》を聞いて、そこに行ってみると、人っ子一人いない様子だ。これでは期待のお嫁さんも出掛けて留守かと一瞬がっかりしたが、念のため中を覗《のぞ》いて見ると、お嫁さんがただ一人、左手に手鏡を持って、お歯黒を染めているところだった。

お地蔵さんは、お嫁さんが話に聞いていた以上の美人だったので、満足するとともに、ちょっとばかりいたずらの気持ちを起こし、お嫁さんにちょっかいを出してみた。

お嫁さんは、まさかお地蔵さんとは、つゆ知らず、一人でいるところへ若い男がやって来て、いたずらを仕掛けたと思い込んだので、腹を立て、お歯黒をつける鉄漿《おはぐろ》

三代将軍家光が鷹狩りの途中に何回も休憩に訪れた寳幢寺

筆を握ったままの手で、力任せにお地蔵さんの横っ面をひっぱたいた。

お地蔵さんは、かわいらしい美人の顔には似合わない、このお嫁さんのすさまじい剣幕に恐れをなし、ひっぱたかれて痛む頬を押さえながら、ほうほうの体《てい》で寺に逃げ帰った。

その時のお歯黒のかね汁のあとが、お地蔵さんの右頬に黒いアザとして残ったという。また、この日以来、お地蔵さんは恥ずかしさのあまり厨子の中に閉じ籠り、秘仏として人々の前にお姿を見せることがなくなったのだそうだ。

注…この件については、ご本尊が秘仏だけに、ほっぺに黒いアザがあったことまで確認されてないと、先代のご住職金剛洋一さんのご母堂ていさんが生前、証言されていたという。

⑲ 三つ子稲荷のいわれ

志木市本町3－3－28　三ツ子稲荷神社

仕入れの帰りに出会った
薄幸の狐親子の菩提を祈って稲荷社を建立

現在、志木市本町のバス通り（往時の奥州街道）の中ほどで乾物店を盛大に営む森田家、通称角長商店に関わる三つ子稲荷について紹介しよう。

幕末に出身地の北永井（現三芳町）から引又にやって来た森田家の始祖長太郎さんは、お客さんのため良い品、目新しい品を安く仕入れようと、十四キロも離れた板橋宿まで足を運ぶのが通例だった。

五街道の一つ中山道の宿場であると同時に、川越街道の起点でもあった板橋宿は当時、大変繁華なマチだった。あちこちの問屋を巡り歩いて仕入れを済ました頃には陽もかげりかけて来ていた。長太郎さんは、仕入れた品をいっぱい積んだ重い荷車を引いて帰路を急ぐことになった。成増《なります》の新田坂《しんでんざか》を下り、白子川を渡って、いよいよ街道一の難所、大坂の異名を持つ白子坂へと差し掛かる。全力を挙げて坂を登っているうちに、もうじき峠という所までたどり着いた。今の笹目《ささめ》通りの手前辺りだ。やっと三、四メートル先が峠という所で、何か黒い物がうずくまり、それが動いているようにも見えた。

そばまで寄って見ると、大きな狐らしかった。息遣いも荒く、身体《からだ》を丸め、厳しい苦痛に耐えているらしく、立ち上がって逃げる気力も失せているようだ。よほどの重病らしいと見た長太郎さんは何とかしてやれないかと思い、熟慮の結果、我が家に連れていこうと決断し、狐を両腕で抱え上げ車の荷の中に乗せて帰宅した。

話を聞いてビックリした奥さんは、かわいそうに思って納屋の隅に木箱を置き、中に一杯稲藁《いなわら》を敷いたところ

に長太郎さんが車から狐を抱えて来て寝かせた。そのうえ、奥さんは店売りの油揚げと水を入れたどんぶりを頭のそばに置いてやった。

翌朝、目を覚ました奥さんは、夕べの狐が気になり、納屋の中の箱を覗《のぞ》いてみると、赤ちゃん狐が三匹も生まれているのに気がついた。しかし、母狐のお産はよほど重かったらしく、箱の中に臥せったままで元気なく、頭もとの油揚げも食べ残しのままだった。乳の出もよくなかったためか、せっかく誕生した子狐も四、五日の間に次々に死亡。それから間もなく母狐も子狐たちの後を追うかのように死んでいった。長太郎さん夫婦はせめてもの供養をと、親子四匹の狐を江戸道沿いの自家の畑の隅に親子一緒に葬る塚を造って厚く弔った。

その後も長太郎さん夫婦はわが子を失ったように嘆き悲しむ日々が続いた。ある日、夫婦の間で、狐たちの塚にお稲荷さんの祠を建てて祀ったら狐親子の霊も鎮まるだろうとの相談がまとまった。そこで、祠を造らせ赤い鳥居を建て、神主さんから伏見稲荷大明神の神霊を迎えてもらって厳かに祭事を行い、三匹の子狐のゆかりで「正一位三つ子稲荷大明神」と名付けたという。

三つ子稲荷として祀られたのを喜んだ狐の長太郎さん夫婦への報恩の気持ちに支えられて、それ以来、店は繁盛の一途をたどり、今日に至ったのだそうだ。

角長さんの先祖が幸せ薄い狐親子の菩提を祈念して建てた三つ子稲荷

20 浪人坂の仇討ち

平和な里に起きた血腥《なまぐさ》い仇討ち事件が
坂の名称として残る

志木市本町3—15

志木駅前から志木市役所に向かう本町通りの、昭和新道と富士道入り口との中間に押しボタン式の信号がある。その十字路を右折した所から始まる江戸道をしばらく行くと、昭和新道にぶつかるが、それより一〇〇メートルほど手前の左側から谷津地に向かう急な坂道が昔はあった。坂道を降り切った谷津の底が浪人窪《くぼ》、そこに達する下りの坂道が浪人坂とかつては呼ばれていた。

なぜ、そう呼ばれるようになったのだろうか。

今から一七〇～一八〇年前の天保年間（一八三〇～四四）のある夏の午後、坂の降り口にあった一軒の茶店に旅姿の一人の若侍が血相を変えて駆け込んで来て水を所望した。そして、その水を口に含むや否や、腰から引き抜いた太刀の柄に吹き掛け、袴《はかま》の股立《ももだ》ちをしっかりとって今にも戦闘モードに入ろうとするたたずまい。それでも水をくれた店の主人に礼を言うだけの余裕があったのは流石《さすが》。軽く礼を言うと、直ちに坂道を下っていった。

若侍が坂を降りて間もなく、中年の侍が店の前を通りかかった。この侍は深編み笠《かさ》に顔を隠してはいたが、貧相な着衣から見て浪人者のような感じがしたという。

この浪人風の侍が坂道を降り切った時、傍らの草むらに身を潜めていた、さっき水を所望した若侍が突然姿を現して浪人者と斬り合いとなった。剣さばきの腕前と意気込みの点でまさっていた若侍の方が有利な展開となって、間もなく浪人者は若侍に切り倒されてしまった。あっという間の出来事であったらしい。

若侍が役所に出向いての申し開きによって、若侍は越

仇討ち事件の舞台となった浪人坂の跡地。今は地形が変わり、昔のおもかげはまったくない

後新発田《しばた》藩の藩士で、その決闘は仇討ちだということが判明したが、浪人の素性や仇討ちの内容などの詳細は不明だったという。

なお、ここでいう江戸道は現在はバス通りに面した角長商店の脇から始まっているが、実は江戸時代にはこの道は江戸と川越を結ぶ川越街道の裏街道の役割を果たしていた。川越藩主の江戸城との往復や川越藩士・幕府の役人等が肩で風を切って利用する正規の川越街道での通行の煩わしさを避けて通れる気楽さが受けて、庶民に好まれた街道だったという。今でも富士見市やふじみの市にはこの道が断片的に残っている。

㉑ 哀れな石屋さん

墓所の造営工事を引き受け損ねた石屋さんの悲話

江戸時代の初め頃、引又の中宿《なかじゅく》（現在の市場通りのほぼ南半分）に鳥居、石灯籠、石橋や各種石仏の制作で近隣にも名の聞こえた腕の良い石工が住んでいた。

ある日のこと、名主さんがやって来て、息せききって言うには、「今、隣村の名主さんから使いがやって来て、川越のお城からお侍がお見えになって、じきじきお前に言い付けることがあるそうなので、わしと同道せいとのお達しだ。急いで支度しろ」とのこと。早速、大《おお》名主格の隣村の名主宅に急行すると、屋敷で待ち構えていたお侍は「実はこのたび川越の殿様におかれては、岩槻の在にある平林寺を墓所ごと野火止に移されることになった。お前は日頃の行いもよく、腕も抜群との評判だから、特別のお計らいで、お前を石工の仲間に加えることになった」と言う。石屋さんは自分ごとき名もない石屋風情が川越のお殿様のご墓所造営に加えて頂けるなんてと、感激ひとしおだった。

そこで、早速、金の工面をして良い石材を集めておこうと、家財を売ったり家屋敷を抵当に借りた金を持って、江戸の石材問屋まで出掛けた。その結果、やがて石屋の仕事場は石材で埋まってしまうほどになった。

ところが、その後、例のお侍からはなんの音沙汰もない。そのうちに野火止でお寺の造営工事が始まっているらしいという噂《うわさ》が近所まで流れて来るようになった。石屋さんは気が気ではなくなり、例のお侍に会ってその後の状況を聞こうと、川越のご城下まで行ってみることにした。お役所でやっと会うことができた例のお侍からは

志木市本町２－５

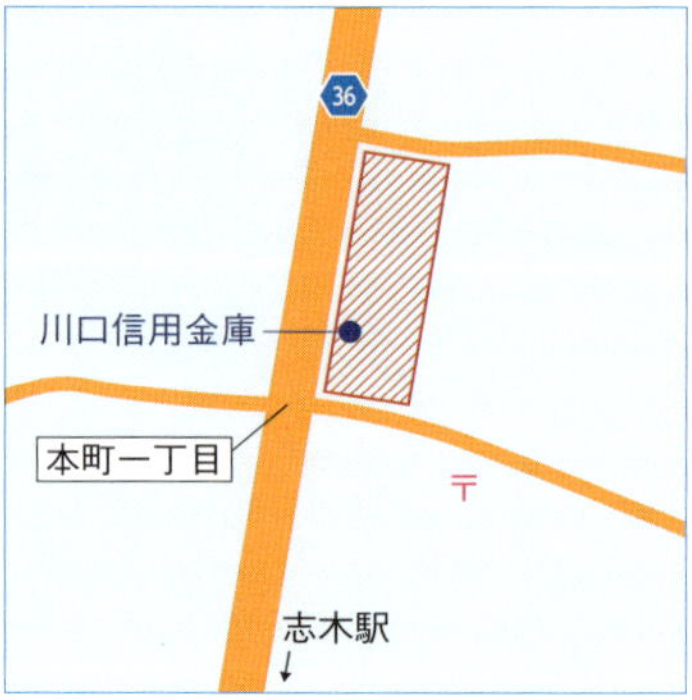

「いつぞやの件は他の者で間に合った。お前はもういい」という予想もしない冷たい返事が返ってきた。

約束を破られた石屋さんは怒り心頭に発したが、相手は身分の違うお侍さん。理不尽な扱いに面と向かって抗議することもできず、失意のまま引又の我が家に戻って行った。

それから数日経過したある日、雨戸を閉ざして石屋さんの家の中は珍しくひっそりとして物音一つしない。近所の人たちは不安に思い、雨戸を開けて中に入ってみると、家の中はすっかり片付けられていた。この様子を見た人たちは覚悟の家出と直感。造営の下話があった直後にでも、そのお侍に袖の下を嗅がせておけばうまくいったのに、ばか正直の石屋さんだけにそんな才覚もなかったんだねと、同情したり残念がったりしたそうだ。

それから長い年月が過ぎ、町内の様子や住む人も代わって、哀れな石屋さんが用意した大きな石材は誰にも気付かれることなく、少しずつ土の中に沈んでいき、やがて土中に姿を消してしまった。地上からの石材の消滅とともに、気の毒な石屋さんのことも人々の記憶からすっかり消えてしまったそうだ。

哀れな石屋さんの店はバス通りの西側にあったらしい

22 白狐と村山稲荷

志木市本町2－2－25

助右衛門の背中に跳び乗る白狐

東武東上線志木駅から志木市役所に向かうバス通りの「市場坂上バス停」を右折、しばらく行くと左側に村山稲荷が鎮座している。この神社にまつわる話が白狐の伝説である。

村山家当主から十五代前の助右衛門が、明和年間（一七六四～七二）のある日の昼過ぎに、農作業をしていたところ、背中に何か柔らかい物が跳び乗った感触がした。思わず背中を見ると、真っ白な狐がそこにいた。

助右衛門はびっくりしたが、狐の方は少しも慌てず、畑の上をゆっくり跳びながら崖っぷちまで行くと、振り返ってしばらく助右衛門を見やったあと、草の茂みの中に姿を消した。白い狐を見たのも初めてのうえ、背中にまで乗られたとあって、なにか悪いことの前兆ではないかと心配になり、それからしばらくは塞ぎ込む一方だった。

数日後、助右衛門は思案の末、自分の心配事をみんなに打ち明け、解決策を出してもらおうと決心した。町内の人に集まってもらい意見を求めたところ、議論百出、なかなかまとまりがつかなかった。ひと通り議論が出尽くしたのを見て、一人の老人から「白狐は山城国の稲荷大明神のお使いとして知られている。稲など穀物の神様である稲荷大明神が町民の難儀を救いに寄越されたものだとすれば、これほど有難いことはない。助右衛門の背中に白狐が乗ったのも、助右衛門の常日頃稲荷様に奉仕する、健気《けなげ》な気持ちを愛《め》でてくれたに違いない。この上は皆で伏見稲荷にお願いして、改めてご神霊をそちらからお迎えしたらどうだろう」との提案がなされた。

かつて引又宿の鎮守だった村山稲荷も今は民家の敷地内にひっそりとたたずんでいる

この提案に出席者全員が賛同し、早速、伏見稲荷に代表を派遣して分霊を奏請することにしたが、格式の高い伏見稲荷からはなかなか良い返事がもらえず、最初の年は目的を果たすことなくむなしく帰郷した。その後も何回か総代を送るも、失敗の繰り返しに終わった。

何度目かにあたる明和五年（一七六八）二月にやっと神霊の奉遷が許され、今まで祀《まつ》ってきた小さな稲荷の祠《ほこら》を大きく造り直し、ここに晴れてお迎えすることができた。これが現在の「正一位村山稲荷大明神」である。

現在の志木市本町区域よりやや狭い地区が江戸時代に栄えた引又宿だが、ここは古くは隣接の舘村（現志木市柏町、幸町、館）の枝郷だった関係で、長らく舘村の鎮守の氷川神社の氏子だった。しかし、引又の発展に伴って信仰面でも親村からの独立を望むようになったためか、天保十四年（一八四三）の明細帳にはこの村山稲荷が地区の鎮守として記載されている。この村山稲荷が地区内の水神社や星野稲荷などと明治四十一年（一九〇八）に合併したのが現在の敷島神社である。

23 アチーの話

志木市本町1－1－67

提灯の火が合羽に燃え移って惨事に

志木駅前通りを志木市役所方面に向かうと、栄橋の少し手前に変則五差路がある。この五差路を左に曲がり、いろは保育園沿いに坂道を下ると、右側に細い古川（河川改修以前の柳瀬川）が流れている。そこに架かる橋を渡れば、もう昔の水子の領域（昭和四十九年にこの周辺一角だけが富士見市から志木市に移管）。ここから水子の本村に達する道が水子道で、先述の五差路付近に起点があった。

しかし、この五差路から現在の栄橋までの道路は、昭和十五、六年頃に土盛りをした上に造成された新道だから、昔の水子道が駅前通り（昔の奥州街道）から分かれた地点は、現在の五差路から右斜め下の坂道を降りて「いろは樋《とい》」の煉瓦《れんが》製大枡《おおます》に向かう途中の左側にあった。

従って、今回お話しする事故の舞台となった水子道は現在のような高低差が大きくついた坂道ではなく、もっと緩やかな傾斜をした道だったのだ。

昔、水子に吾兵衛という名の初老のお百姓がいた。晩秋から初冬にさしかかったある日の午後、冷たい雨が降りだしたので、吾兵衛はその日の農作業を諦め、春に前借りしていた肥料代を支払おうと、引又宿の肥料屋に出掛けることにした。

この年は天候にも恵まれなかったため、作物の出来も芳しくなく、やっとの思いで支払いを済ませることになった。それだけに吾兵衛としては肩の荷が下りたようなホッとした気持ちにもなっていたので、手元に幾らか残った小銭で酒を飲んで帰ろうとしたのだろう。肥料屋から一町も離れていない所に、吾兵衛が引又に出掛けるついでにたまに利用する一杯飲み屋があった。店先で店主と世間話をしながら、茶碗酒を何杯かひっかけている

うちに、初冬の夜は早くも黒いとばりを下ろしていた。
水子まで帰る暗い夜道は足元が悪いと、飲み屋の親父さんは親切にも提灯を貸してくれた。吾兵衛は久し振りに、しかも空き腹に飲んだ上に、前から気になっていた肥料代の支払いを済ませた安堵感も手伝って、わずかな酒の量ではあっても酔いの回りがいつになく早かった。そこで、二、三歩歩いては右にヨロヨロ、左にヨロヨロといった危ない足取りだったから、三上、井下田の両問屋に挟まれた水子道の入り口にたどり着くまでにはシラフの時の何倍もの時間を要した。

ここまで来れば引又の町並みとはお別れだし、実際に水子の我が家に到着するまでにはまだかなりの距離を歩かねばならなかったものの、気分的には水子の玄関口にたどり着いたような気安さを覚えるのだった。そうした多少の心の緩みもあってか、奥州街道に比べるとやや凹凸に富んだ水子道に入って間もなく、吾兵衛はちょっとした窪《くぼ》みに足を取られ、バランスを失ってしまった。

現在の五差路（市場坂上交差点）のところにある
いろは保育園と銘茶・大島園の間の坂道が水子道

やっとの思いで転倒だけは免れることができたが、倒れかかった体勢を急に元に戻そうとして力を入れた瞬間、手にしていた提灯が横向きになり、ローソクの火が提灯に燃え移ってしまった。慌てて消そうとしたその時、着ていた油紙の合羽に火はたちまちのうちに燃え移った。吾兵衛は酒を飲んでいたために体が十分利かなかったし、人通りも少ない裏道の出来事とあっては助ける人も現れず、アチチーアチチーと悲鳴を上げながら哀れにも黒焦げになって焼け死んでしまったという。

それから二、三十年後、焼死現場から程近いある家で病人が出るなど良くないことが頻繁に起きるので、「拝み」や「伺い」に定評ある朝霞市宮戸の天明稲荷に拝んでもらったところ、水子道でアチチーアチチーと言いながら焼け死んだ吾兵衛がその家に祟《たた》っていると出たそうだ。

㉔ 山口大膳と荒井仁右衛門の決闘

志木市下宗岡3丁目

縁者・下僕までもが死闘

江戸時代のごく初期の頃、鉢形城の落武者だった荒井仁右衛門《にえもん》は郷士として荒川べりの字小割を支配していた。一方、これに隣接する字大野は、多摩郡山口村の山口城主・山口伊豆守の息子大膳（死後、家人の木下氏がその名跡を継ぐ）によって支配されていた。

この二つの地区は隣接していたので、両者はその境界問題で以前からいざこざを繰り返していた。そのうちにやっとある程度の話し合いがついたかに見えたが、またまた些細《ささい》なことで紛争が再燃した。

現場に近い所に住んでいた仁右衛門は徒歩で、かなり離れた場所に居住していた大膳は馬に乗って、それぞれ紛争の場所に出向いて行った。しかし、現地での話し合いは容易につかず、やがて二人は口論を続けながら、中宗岡《むねおか》と下宗岡の境界にあたる虚空蔵《こくうぞう》池の辺りまでやって来た。折も折、激高した二人は斬り合いを始め、しばらくの死闘の後、仁右衛門は大膳を斬り倒した。

一方、大膳の妻女は、紛争解決に向かった主人が夕方になっても戻って来ないのを不審に思い、現場の様子を見に家を出た。途中の虚空蔵池まで来ると、仁右衛門が血刀を池で洗っているのを目撃し、夫の非業の死を察した。早速、家に戻り、弓を携えて来て見ると、仁右衛門は、まだ池のほとりにいた。そこで、「主人の仇！」とばかり、必死の思いで矢を放ったところ、仁右衛門の体に命中した。

仁右衛門は手傷を負いながらも、自分の家までたどりつくことはできたが、その傷がもとで、数年後に死亡したという。一説には、大膳の妻女が射た矢は仁右衛門の目を貫いたので、この事件以後、この池に棲《す》む鮒《ふな》はすべ

て片目になってしまったとも伝えられている。

この伝説には、別に二つの異説があって、加害者と被害者が真逆なこと、決闘の場が荒川沿いの場所ではなく引又周辺らしいことを示唆している点が興味深い。

異説①…山口大膳高伯は天正十八年（一五九〇）の小田原北条氏滅亡後、徳川家康に召し出され、後に三代将軍家光に仕え、江戸向柳原に屋敷を賜って住んでいた。知行地は新座郡舘村に賜ったが、どういうわけか、その頃、新座郡引俣《ひきまた》村の地頭荒井但馬守《たじまのかみ》と領地のことで争いが起き、引俣村の辺りで互いに剣戟《けんげき》に及ぶようになった。その結果、但馬守は遂に大膳のために討たれ、荒井の婿某も怒って仇の大膳を討った。大膳の婿もこれを聞き但馬守の婿を討とうと互いに挑み戦い、遂に二人共討死した。また、この時二人に付き添って来た下僕まで十人ほどが死亡したり負傷したという。この事件は慶長十二年（一六〇七）三月十二日のことだ。（太田亮著『武蔵』）

異説②…多摩郡の山口伊豆守の子息山口大膳は引又の地にやって来て、陣場の先で、後に大膳塚と呼ばれた場所の辺りを新田開発した。ところが、彼がそこに住むことを地元のものが拒んだため、彼はそこを立ち退き、宗岡村へ行って中新田を取り立て、かの地に居住した。ある時、大膳は宗岡村の荒井仁右衛門と口論。大膳は十文字の槍の名人、仁右衛門は鎌手の名手で互いに仕掛けたが、大膳が打ち負けて仁右衛門に殺害された。今でも中宗岡村木下氏の屋敷内に大膳の墓所の塚がある。決闘の場にいた大膳の家来の木下氏が今の木下氏の先祖に当たる。（宮原仲右衛門著『舘村旧記』）

いろは橋から新河岸川のやや下流（左岸側）の赤稲荷付近にかつてあった山口大膳の墓（右）と、虚空蔵池跡の東南方に建っていた荒井仁右衛門の墓〔写真提供／志木市教育委員会〕

㉕ 浅間祠勧請のいわれ

志木市上宗岡4−27

富士の巻狩りに勢子を務めた見返りに 田税が免除に

志木市上宗岡《むねおか》四丁目にある羽根倉《はねくら》地区の鎮守浅間神社の境内に「神徳之碑」という名の石碑が建っている。

建久四年（一一九三）に源頼朝が征夷大将軍に補任された翌年、下野（現栃木県）那須野、信濃（現長野県）三原野に次いで、この年の五月に富士の裾野（現静岡県御殿場市付近）で大規模な巻狩り*を行った際、関八州に役夫を課すことになった。その時に、宗岡の里人が大勢勢《せ》子《こ》として協力したという。頼朝は大変喜んで、その代償として翌年の村人の田租を免除してくれたそうだ。村人たちも田租を免除されるなんて滅多にないことだけに有り難く思い、それを記念して現在の荒川の堤外にある大野という土地に富士浅間祠《せんげんし》を祀《まつ》ることになった。その後、長禄年間（一四五七〜六〇）に荒川で大洪水があり、逆流した水によって、この祠が上流に押し流されて、現在の羽根倉の地点に漂着した。村民たちはこの漂着はこの地にお住みになりたいという神様の思し召しに違いないと思い、改めて羽根倉の堤外地に祀ることになったそうだ。

社殿が完成したのは寛文年中（一六六一〜七三）というから、約二百年間は社殿なしの簡単な祠だったのだろう。

その後、文化二年（一八〇五）十二月になると、富士山行者として名高い身禄《みろく》行者の弟子、高田藤四郎（日行青山）が江戸高田から奉じてきた神璽をこの社殿の中に祀った。明治五年（一八七二）には日行青山の弟子で、上宗岡丸藤講の初代先達高野源次郎から数えて五代目の池内政五郎が信徒と諮《はか》って擬岳富士を築造した。この時、なぜ、この地に浅間社を祀ることになったかの経緯を記したの

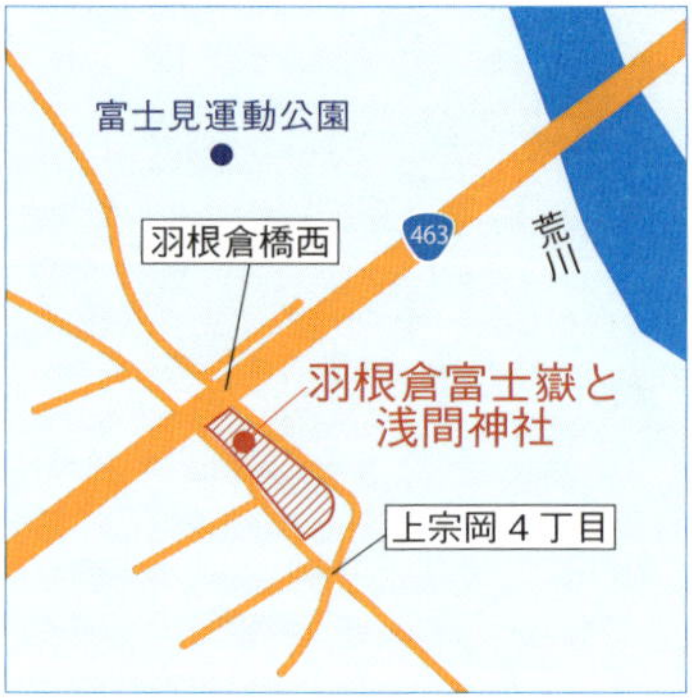

がこの「神徳之碑」だ。

しかし、大正九年（一九二〇）からの荒川の大改修工事と昭和四十五年（一九七〇）からの浦所《うらとこ》バイパスの建設工事に伴い、その後二回も、この記念碑は擬岳富士ともども移転を繰り返す不運に見舞われた。

なお、富士の裾野での巻狩りに宗岡の村民が参加したという話は、宗岡からの距離が余りにも離れ過ぎていることから信じがたく、恐らくは富士の巻狩りの予行演習としてその数か月前に行われたらしい入間野*（現在の狭山市・入間市方面）の巻狩りと混同されたのではあるまいか。富士の裾野は狂言の演目として人気高い曾我兄弟の仇討ちの舞台として余りにも有名なだけに、意識的に混同したようにも思えるのだが。


*注1…「野獣を多数の人が協力して包囲する」ことにより捕獲する狩猟法。

*注2…狭山市南入曽には入間野神社という名の神社あり。県指定の無形民俗文化財の獅子舞いが有名。

神徳之碑
（上宗岡四丁目　浅間神社境内）

上宗岡の浅間神社境内にある富士塚の一隅に建てられている神徳の碑

〔出典：『志木市の碑文』（志木市教育委員会）〕

【朝霞市域編】

① 弘法大師の杖堀の滝

水がないのを憐れんだ大師が 杖のひと突きで滝を造る

東武東上線の朝霞台駅から朝霞駅に向かい、坂を下って黒目川を越すと、左手に東洋大学朝霞校舎が見える。この校舎の背後から台地上にかけ、こんもりとした深い木立ちに包まれた場所に古刹が位置している。これが東《とう》圓《えん》寺《じ》だ。正式には松光山藥王院東圓寺といい、真言宗智山派に属する。

この寺の創建年代は不明ながら、太田道灌がこの地を領有した時にこの寺の近くに城を築いたともいわれているので、少なくとも長禄・文明（一四五七〜八七）の頃には創建されていたことだろう。その後、荒廃しては建造すること数度に及ぶが、江戸初期に*高家《こうけ》の土岐大膳大夫と血縁があった第十二世永繁によって堂宇が再建立されている。それ以来、江戸末期まで、土岐家は有力檀那としてこの寺を支えた。

朝霞市岡2－8－92　東圓寺

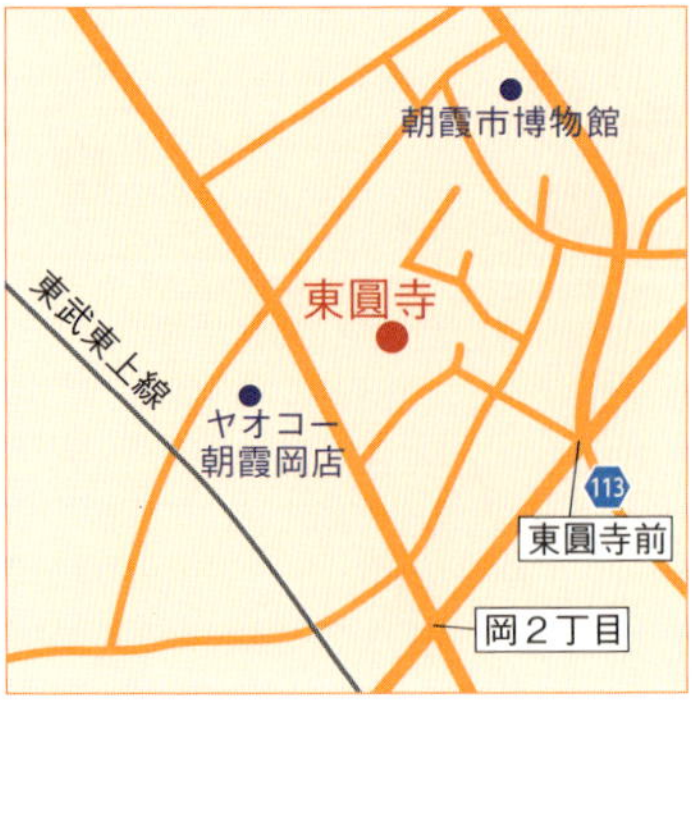

この寺には、弘法大師が諸国を行脚中にこの辺りにやって来た時に、この付近に水が出ないのに同情した大師が杖を突いたところ、湧き出した水が二メートルほどの高低差を持つ流れとなったという小さな滝がある。この滝の水は更に東圓寺下に広がる水田の用水として長らく貴重な役割を果たしてきたという。湧き出た泉は「お杖堀」の名でも呼ばれたようだが、この堀の中に置かれていた石の竜のお陰で泉は水の涸《か》れることがなかったし、日照りになった時には、この竜を水から引き上げて雨乞いをすると雨が降ったという。

もっとも、この竜は初めから石ではなかったらしい。生身だった頃の竜はいたずら好きで、鉄の囲いから抜け出しては悪さをすることがよくあったので、殺してしまったところ、殺した人に祟《たた》りがあった。そのため、本物の竜の代わりに、竜を刻んだ石を湧き水の底に沈めたが、それでもいたずらをしたので、再び鉄の囲いを作ったのだそうだ。

また、竜の背中をたわしで洗うと、田んぼに溢《あふ》れるほどの雨が降ったことがあったので、それ以来、雨が降らなくなると、雨乞いのためにこの竜の背中を洗うようになったという。

更に、竜はたまには広沢の池（市立朝霞第八小学校付近）に移ることがあったらしいが、その時には竜が雨嵐を呼んで大嵐になったそうだし、池をさらっている最中に大雨が降ったり竜巻が起こったりしたともいわれている。

なお、この滝はかつては精神障害の病を治す滝として全国的に有名だったそうで、大正（一九一二～二六）の頃には患者が全国各地から毎日のように滝に打たれにやって来たというが、二か月から六か月ぐらい滝に打たれると完全に治ったそうだ。障害の治った人が八十八人に達した時には、不動様で護摩をたき二百人余の稚児行列が出たことがあったと伝えられている。

＊注…江戸幕府で儀式典礼を司り、勅使・公家の接待等を務めた。中世以来の名家二十六家が世襲。

弘法大師が掘ったとされる2メートルほどの高低差のある杖堀の滝は今でも見ることができる

② 下内間木の伊藤氏は小田原北条の旧家臣

朝霞市下内間木

先祖は柳瀬川を竹の筏に乗って
内間木まで落ち延びた

志木・朝霞・新座・和光には、甲州武田や小田原北条の旧家臣が主家滅亡後、帰農して、往時の武力や教養を背景に、村の名主や組頭となって村を治めるケースが少なからず見られる。

下内間木で大貫・小山・依田・蕪木の諸姓と並んで草分け十三軒を形成していた伊藤氏は小田原北条の家臣だったという。兄弟三人の先祖は小田原城の落城後、主君の奥方を守って多摩方面へと向かう途中、東久留米の浄牧院《じょうぼくいん》までやって来たところで、奥方は寺の境内で自害。三人はその寺に一時匿《かくま》われていたが、落人への詮議が厳しくなったので、柳瀬川を竹の筏《いかだ》に乗って下り、下内間木まで落ち延びて来たのだそうだ。

三人兄弟の子孫は土着した下内間木の地で繁栄し、長男の子孫の系統が十四軒、次男の系統が四軒、三男の系統が五軒の合計二十三軒が今でも下内間木の地に根を張っているという。このうち七軒は事情により浄牧院から離《り》檀《だん》し戸田の一乗院の檀家になっているが、他はすべて今日でも浄牧院の檀家となっているので、春の彼岸には今なお、浄牧院のお坊さんが遠く離れた下内間木まで檀家回りに来ているという。

今から三十数年前、著者は志木から自転車を駆って浄牧院を訪ね、当時、東久留米市長を兼ねておられた住職の藤井顕孝氏にお目にかかった折りに、この寺は地元や近隣だけでなく、朝霞市下内間木の伊藤家や瑞穂町箱根ケ崎の友野家が、幾星霜を経た今日でもこの寺の檀家になっていることを誇らしげに話されたことを思い出す。

下内間木の鎮守氷川神社。名族として知られる伊藤一族はこの付近に多く分布している

伊藤家は小田原城詰めの武士ではなく、小田原城の支城で、北条氏照を城主とする滝ノ城の防備のために近隣の土着武士団と交替で柳瀬川の対岸の清戸番所に詰めていた武士だったような気がする。

滝ノ城は、戦国末期頃、地区毎に糾合された土着の武士団が交替で防備していたことが、永禄七年（一五六四）に城主北条氏照の発給した「清戸三番衆交替状」によって明らかである。この交替状は、氏照が青梅地方に住んでいる家来たちに宛てて「お前たち三番衆の者は清戸の番所にいる二番衆の者と交替しろ、遅れたら切腹だぞ、しっかり交替して見張れ」というもので、滝ノ城を守備するために各地区の土着武士たちが交替で清戸番所に詰めていたことが分かる。青梅方面の武士たちは三番衆だが、一番衆、二番衆がいたことはもちろん、ひょっとすると四番衆、五番衆がいた可能性があるかもしれないのだ。

伊藤氏は、宗岡の細田氏、大井の新井氏、塩野氏、小林氏、鶴馬の星野氏らと一緒に、何番衆かを形成していた可能性も考慮する余地もあろう。

3 田島集落の元郷はハケの山の近くに

朝霞市朝志ヶ丘1ー7

舟運の盛行に伴い、集落は河辺に移動した

　伝承によれば、現在は新河岸川の沿岸、浜崎と根岸の間に所在する田島の集落は元々は東上線脇の元の村山病院の辺りにあったが、新河岸川に舟が通るようになって現在の場所に移ってきたのだという。また、村社の神明神社も薬師堂もかつては元の村山病院の辺りにあったとされている。

　しかし、江戸後期に幕府のお声がかりで編纂された、いわば官撰《かんせん》の地誌『新編武蔵国風土記稿』には田島村新田の一項を設け、「浜崎村新田の西裏にあり、同村に包まれたる如《ごと》く十二町程の地なり（中略）新田なれば神社仏寺等もなく、民戸纔《わずか》に二軒」と記す一方、明治八年（一八七五）刊の『武蔵国郡村誌』には「又本村の西北の方浜崎宮戸両村の間に飛地の新田あり」と紹介されていて、田島村発祥の地である現在の朝志ケ丘地区（田島っ原）を新田として扱っているように見える（本当はその逆のように思えるのだが）。田島っ原から最初に現在の田島に移ってきたのは鈴木家、醍醐《だいご》家、中村家と言われているが、中でも田島の草分けはホンムラの屋号で呼ばれる鈴木家だという。

　田島地区は旧田島と新田島の二か所に分けられるようだが、旧田島は元和元年（一六一五）に旗本の富永喜左衛門正吉に賜っているから、村の起源はそれ以前だと推測されるし、新田島も元禄期（一六八八〜一七〇四）の新田開発検地にも見えないほど、古くにすでに開発されていた地域であるとされている。

　また、『朝霞市史』は両田島共《とも》に中世期の伝承を有する地域だとしている。例えば旧田島の鈴木家には室町期の阿弥陀《あみだ》三尊立像が伝承されていることなどから、専門家は同家が中世期に武家であったのではないかと推定している。他方、新田島にも、かつては「五重の塔」が聳《そび》え立ち、その近くに古井戸があったと言われているらしいが、後北条氏との戦いの際に焼失したという伝承がある。この頃からの旧家には、鈴木・細田・小泉・中村・荒井・醍醐・田中・高野・内田等の氏があるという。

田島が現在地に移る以前は浜崎に船を留め、歩いて田島っ原まで戻ったという。しかし、新河岸川の舟運が盛んになってからは、田島地区のほとんどの家が船頭や舟大工など舟運に関わっていくようになった。大きな船には動力が必要だが、船体が川底につかえるので、川を遡行するには両岸から綱で船を引っ張り上げる「のっつけ」人夫の助力が必要となる。「のっつけ」には田島・内間木・浜崎・宮戸の村々の農家の人たちが従事したが、一日に四度も食事をしないと体が保《も》たない重労働だっただけに、船頭から高額の駄賃がもらえたという。明治末期の「のっつけ」人足賃は新倉《にいくら》河岸から川越・新河岸まで七五銭から八〇銭、志木河岸までが三五銭だったという（当時の米一升の値段は一〇銭前後）。

昔の田島集落はかつての村山病院の辺りにあったとされる

田島地区には、ハケの山から材木を購入して船を造る船大工がいた。船の注文主は、主に川下にあたる東京都の千住、深川方面の人が多かった。注文に応じて造る船の種類は、高瀬舟、オワイ舟などで、船大工の棟梁は二、三人の職人を使って船を造った。船一艘を造れば一年間は暮らせるほど高価なものだったという。

4 子カッパの名に由来する「まぐろ家」

朝霞市上内間木

親カッパは行方不明の子カッパ「まんごろう」を呼び戻そうと叫ぶ

川にはカッパという名の動物がいて川の中に入ったり川のそばに近づく人や馬などを水中に引っ張り込んで悪さをするという話は全国的に分布している。石田英一郎という民族学者が『河童駒引考』という研究書を刊行したほどだ。多くの河童駒引の話の中でも志木の柳瀬川に棲《す》むカッパの話は今から二一〇年前に刊行された『寓意草』という本にも紹介されたほどに有名だ。

隣接の朝霞市にも上内間木や浜崎にカッパに関連した話が伝えられている。また、今では全く都会化している東京の世田谷に上馬、下馬という地名があるが、これは本来、上馬引沢、下馬引沢という地名を簡略化したものだ。河童駒引の名残に違いない。

特に上内間木は、古来、荒川と新河岸川に挟まれた場所に位置していたので、カッパとの縁が深かったのだろう。この地に住む平成元年当時の古老の一人は五、六歳の頃カッパを実際に三、四回見ているという。その古老によれば、その人が見たカッパは、頭が黒く、頭には皿のようなものを被《かぶ》り、目はギョロギョロしていて、水に浮いたり、水の中に潜ったりしていたという。これから話すカッパの「まんごろう」の目撃者も上内間木の住人だ。

昔、上内間木に新河岸川で渡し船の船頭をしながら漁師をも兼ねた「きじゅうさん」という名の人物がいたという。この人がカッパの子供が行方不明になった事件に遭遇していた。

ある日、水中で餌を探して泳ぎ疲れたカッパの親子が仲良く並んで甲羅干しをしていた時のこと、親カッパがよそ見をしていた僅かの時間のうちに、子カッパの姿が見えなくなってしまったらしい。子カッパは「まんごろう」という名前だったので、心配した親カッパは必死に何回も何回も「まんごろうや〜い」と呼び続けた。しかし、だいぶ遠くへ行ってしまったのか神隠しに遭ったのか子カッパからはなんの応答もなかった。

一方、「まんごろうや〜い」の呼び声を聞いた「きじゅうさん」は自分が呼ばれたのかと錯覚して、渡し場からちょっと小高い河岸場道まで上がって見たが、自分の名を呼んだらしい人の姿は全く見当たらなかった。恐らくこの時の親カッパの「まんごろうや〜い」の呼び声の「まんごろう」が「まんぐろ」に変化、更に「まんぐろ」が「まぐろ」へ変化したように思われる。「きじゅうさん」の家は「まんごろう」失踪事件に際会したことから、いつしか「まぐろ家」と呼ばれるようになったらしい。

内間木の新河岸川の対岸にある田島の富善寺の前住職は「田島でもカッパが子供や馬を川に引っ張り込んだ」話を聞いたことがあったという。また、下流の根岸でもカッパによる被害があったそうだ。ただし、根岸河岸で溺れた人は、普通ならば沈んでいく時悲壮な顔をするはずなのに、ここではニコニコした顔をして沈んでいくという。これはカッパが肛門に吸い付くのでくすぐったくてしょうがなく笑っているのだと解説する人もいる。

そのほか、朝霞市域でカッパの伝承がある場所としては、黒目川右岸で、今は埋められて東上線の線路の下になっている「赤池」（溝沼）と黒目川に架かる旧岡橋の下の「亀が淵《ふち》」（浜崎）がある。しかし溝沼と浜崎ではカッパを目撃した人の話は聞いていない。

新河岸川に架かる新盛橋の上流付近に上内間木と浜崎を結ぶ渡しがかつてあったという。カッパの親子が目撃されたのはこの辺りか？

⑤ 高麗方神社の祭神は武内宿祢

朝霞市宮戸4ー3ー1　宮戸神社

宮戸の鎮守宮戸神社に合祀されていた
高麗方神社は高麗神社の系統

現在の宮戸神社は宮戸地区の氏神として、江戸時代以来、長らく信仰されてきた熊野神社を主体とし、これに昭和十八年（一九四三）十一月に天津神社、稲荷神社、高麗方《こまがた》神社が合祀されて誕生した神社だとされている。

『新編武蔵国風土記稿』によると、江戸時代、この地区には惣《そう》鎮守の熊野神社のほかに駒形権現社（高麗方権現社とも書く）や稲荷社、神明社、天神社のあったことが知られるが、一方、明治八年（一八七五）に刊行された『武蔵国郡村誌』には熊野社、高麗社のほかに稲荷社、神明社、天神社が祀《まつ》られていたと記されている。

注目すべきは高麗社で、祭神を武内宿祢《たけのうちのすくね》としているところが特に興味深いところだ。この高麗社は風土記稿で採り上げられている高麗方権現社とは全く同一であることは間違いない。とすると、高麗方社も祭神は武内宿祢ということになる。

武蔵国には霊亀二年（七一六）に駿河以東七か国に散在していた高句麗系の渡来民を当時、秩父郡と入間郡の間で未開の地として存在していた現在の日高市、飯能市、鶴ケ島市の辺りに入植させて高麗郡を新設した時に、一七九九人の高句麗系渡来民を領導してきたのが高麗王若光だ。やがて彼は死後、高麗神社の祭神として祀られることになるのだが、亡くなる寸前、彼の髪や髭《ひげ》は真っ白になっていたと伝えられている。

この高麗神社を分祀したと思われる白髭神社が高麗郡や周辺の地域に数多く祀られているように思われる。その分布状況を『新編武蔵国風土記稿』で調べると以下の通りだ。

高麗方神社が合祀されている宮戸神社

高麗郡に二十六社、入間郡に九社、多摩郡に五社、秩父郡に四社、比企郡に三社、児玉郡に一社、葛飾《かつしか》郡に八社、橘樹《たちばな》郡に一社が記されている。

高麗郡が最多で、次いで多い入間・多摩・秩父の三郡はともに高麗郡に接している。遠く離れた葛飾郡に多いのは高麗郡に来住した高麗系渡来民の一部が、その昔、葛飾郡の属していた下総国からの来住だったことと関連するのだろう。

面白いことに、これら白髭神社の祭神のほとんどが宮戸と同じく武内宿祢だということだ。武内宿祢も晩年、白髪・白髭だったことで知られる人物だっただけに若光王に擬せられることが多かったに違いない。

ということで、新羅郡から転化した新座郡に属していた宮戸にも高麗郡の影響が及んでいたことが興味深く思われた。

6 血の出る杉

朝霞市根岸台3－4－3　金剛寺

杉を伐ろうとする者は、必ず怪我をしたか病いに冒された

昔、新座郡根岸村（現朝霞市根岸台）に高野勘兵衛という名の元は武士だったという有徳の士がいた。なんという武将に仕えていたのか、どういう事情でこの地に来住したのか詳細は不明だが、中世末期にこの地に帰農したことだけは確かのようだ。彼が開発したのは流山《りゅうざん》地区だったらしく、長い間、流山一帯のほとんどは高野家の所有地だったと言われている。

勘兵衛はその後、発心《ほっしん》して修験道を修め名を先本《せんぽん》と改めたという。先本は戦乱の明け暮れに苦しむ人々をなんとか救いたいと、生きながら穴の中に入って食を絶ち経を誦《しょう》しながら往生し「即身仏《そくしんぶつ》」になったそうだ。先本が死ぬとその配下の山伏もこれに殉じることになり、主人同様、生きたままの状態で塚に入って鉦《かね》を叩《たた》きながら念仏を唱え主人の菩提《ぼだい》を弔ったらしい。この行は息抜きの竹の筒から外気と水を得るだけの過酷なもので、しばらくの間、聞こえていたチンチンという鉦の音も、七日七晩経つとプッツリと途絶えた。つまり、この時点で配下の山伏の命は絶え、彼の入定《にゅうじょう》はこの時点で完結したことになる。

その後、そこに小高い塚が築かれ、流山塚という名のその塚の上には供養のため杉が植えられたが、この杉が後に大木となって「血の出る杉」と言われるようになった。その後、周りの他の雑木は伐《き》り払うことがあっても、この木だけは伐らずに残しておいたと言われている。

先本の法名は「先本流山剣士」といったそうで、墓碑は初めはこの杉からおよそ一キロメートルほど離れた高野一族の墓地内に建てられたが、昭和四十九年（一九七四）

九月にすべての墓石ともども菩提寺の金剛寺に移された。金剛寺墓地にある法師のものと言われる墓石には、写真のように法名が刻まれている。墓碑に建立の時期として天正元年（一五七三）の年号があるが、どう見てもそれほど古い墓碑には見えないくらいに新しいので、その後に建て替えたか、新たに建立したかのいずれかと推測される。

金剛寺に移される以前の高野家の墓地では、男と女は別の場所に葬られていたらしく、先本の墓碑も高野家の男たちの墓石群の真ん中に建てられていたという。

ところで、この血の出るという杉は、昭和十年に杉が生えていた土地が、高野家同様、根岸村の草分けとされる他家の所有に移ったので、恐らくその時に血の出る杉は処分されたらしく、現存していないのは惜しまれる。

血の出る杉が生えていた小さな塚にその後新しい杉を植栽したことがあったようだが、少しも育つことはなかったと言われており、県南地区一帯で農地の宅地化が進むようになった際、その土地を開発しようとした業者の人が必ず患うか怪我をしたようだし、周辺の根よけ堀を整備すると作業にあたった人が必ず病に冒されたりしたので、気味悪く思われていたようだ。また、戦時中、疎開者が隣接した畑の一角を購入して住まいとしたことがあったが、なにか良くないことがあったらしく間もなく手放してしまったという。また、塚とその近くで篠《ささ》が生えて困るので、土を掘ったりすると体の調子がおかしくなるなんてこともあったりしたそうだ。現在は、その場所に数軒もの家が建っているそうだが、別段変わったことは聞かない。

金剛寺にある「先本流山剣士」の墓碑

⑦ 広沢の地に執着された観音様

朝霞市本町3－5－28　広沢観音堂

広沢観音は吹上、浅草の両観音と三姉妹の関係

市立朝霞第八小学校の裏手に広沢観音の名で地元住民に親しまれている観音堂がある。この観音堂は、天正十八年（一五九〇）豊臣秀吉が小田原攻めをした際に、豊臣方の軍勢の来襲を滝ノ城（現在の所沢市城に所在）に知らせるためのノロシ代わりに、北条氏照によって焼かれたという。焼失する以前は現在地よりも北西の高台の場所に建てられていたそうで、今でもその跡地付近は堂山の名で呼ばれているという。

この時のものと思われる火災でお堂が焼失した後、近くの住民が焼けた灰を振るったところ、観音像が出てきたので、これを東圓寺に預けることにした。一方、本堂だけは何十年か後に少し場所を替えて再建することができたが、観音像は東圓寺に預けたままの状態だった。ところが、その頃、東圓寺のある岡地区では火の気のないところからの火災が頻発したので、祈祷してもらったところ、これは広沢のお堂にお戻りになりたいという観音様の切なる思し召しに違いないと判明した。そこで、早速、すでに新築されていた本堂にお遷《うつ》しすることになったのだそうだ。

この観音様は、和光市吹上の観音様と東京・浅草の観音様とは三姉妹の間柄にあるとされ、長女が広沢観音、次女が吹上観音、三女が浅草観音だという。長女の広沢観音は賑《にぎ》やかな所が嫌いなので閑静な広沢に、その反対に賑やかな場所がお好きな三女の浅草観音は浅草に住み着かれることになったと伝えられている。

広沢の観音様のお住まいは閑静な所だけに盗難に遭うことも頻繁にあったらしいが、その都度《つど》、必ず発見されてお堂に戻ってきたという。観音様が広沢の地にいかに

越戸川の源流の広沢の池の前に静かにたたずむ広沢観音堂

執着していたかを如実に示す伝説だ。

現在の観音堂が面している広沢の池に豊富に湧く水は、この池近くの七か所の湧水池（七つ釜という）から流出する水と一緒になって越戸川《こえど》となり、下流の根岸台地区から新倉にかけての田畑を長らく潤してきた。

また、江戸時代のある時期に、近くの農夫が足を濯《すす》ごうとして池の中に足を浸したところ、足の爪先が何かにくわえられるような感じがしたので、不審に思いながら水中を探すと鰐口《わにぐち》が見つかったという。昔の観音堂の鰐口だろうと東圓寺に納めたが、刻んであった年号を見ると見慣れないものだったというから、恐らく私年号だったのだろうか。

この話は、『新編武蔵国風土記稿』に記述されているが、この本の編纂の頃、この鰐口の所在を尋ねられた東圓寺の住僧は「どうなったか全く知らない」と答えたそうだ。

8 膝折で剣豪、殺人犯を斬る

朝霞市幸町2—16付近

その快挙が家康に賞賛され、旗本に登用された

江戸時代のごく初めの頃、神子《みこ》上典膳《がみてんぜん》（後の小野次郎右衛門忠明）という刀槍術に長《た》けた武芸者がいた。典膳は伊勢の出身といわれる一方、安房《あわ》の里見の旧家臣で、伊藤一刀斎に就いて剣法を学んだ人物とも言われている。後に江戸にやって来て駿河台《するがだい》に居を構えた剣豪だった。

その頃のある日、一人の剣術家が膝折《ひざおり》にやって来て、人を殺したうえ、近くの民家に逃げ込むという事件があった。しかし、かなり腕が立つ剣術者に見えたので、村民たちは怖《お》じ気づき、誰一人としてこれに立ち向かう者はいなかった。

そこで、名主は江戸へ出て、検断所にこの一件を訴え出るとともに、逃げ込んだこの剣術者が相当な使い手と見えるだけに、剣の名人の神子上典膳でなければ太刀打ちできそうもないので、ぜひ典膳様にお越し願ってこの凶悪犯を斬って頂きたいと願い出た。

この一件が将軍家康の耳に入ると、家康は直ちに典膳を討っ手として派遣することを決め、小幡勘兵衛尉景憲を検使として同行させた。

典膳は膝折に着くや、直ちに凶悪犯の潜んでいる家の戸前に赴き、「我こそ将軍の命を奉じて江戸からやって来た神子上典膳なるぞ。その方が戸の外に出て勝負をするか、拙者が家の中に入るか。いずれを所望するか」と問うた。家の中にいた犯人はその言葉を聞くや、「神子上典膳なれば相手にとって不足はない。今まで貴公の名は聞いているが、見参するのは初めてだ。今回ここで会うのは今生の幸せだから、外へ出て勝負を決すべし」と言いながら大太刀を抜いて戸外へ出、典膳の許に走り寄った。

典膳は直ちにこれを迎え討ち、立ち所に賊徒の両手を斬り落とした。そして、検使の景憲に向かって、首を刎《は》ねるかどうかを尋ね、その許しを得たところで、兇徒《きょうと》の首を斬った。この二人の決戦を見に集まっていた群衆はこれを見て畏服しない者はいなかったという。

検使の景憲は江戸に戻ってから事の子細を家康に報告した。家康は典膳の武勇を大いに褒め、旗本に加えて二百石を賜った。そこで、典膳は外祖父の氏を継ぎ、以後、小野次郎右衛門と改めた。

一説には、この殺人犯は甲斐《かい》国の鬼眼という者で、剛力にして七尺もの身長がある兵法の達人と知った村民は恐れて誰も手を出せなかったらしく、やむなく典膳の出馬を求めざるを得なかったのだという。また、決闘の場となった賊の隠れ家の前は膝折坂という坂道で、大男の賊が典膳の呼び掛けに応じて現れたのは坂上、これに挑む典膳は坂下に位置したので、典膳が不利と見た検使景憲は戦闘の成り行きを極めて憂慮したらしい。しかし、結果的にはその心配は杞憂《きゆう》に過ぎなかったことになる。

剣豪・神子上典膳は膝折の坂で殺人犯と対決し、瞬時に相手方を斬り伏せた

9 名馬鬼鹿毛、疾駆のあまり膝を折る

朝霞市膝折町1丁目付近

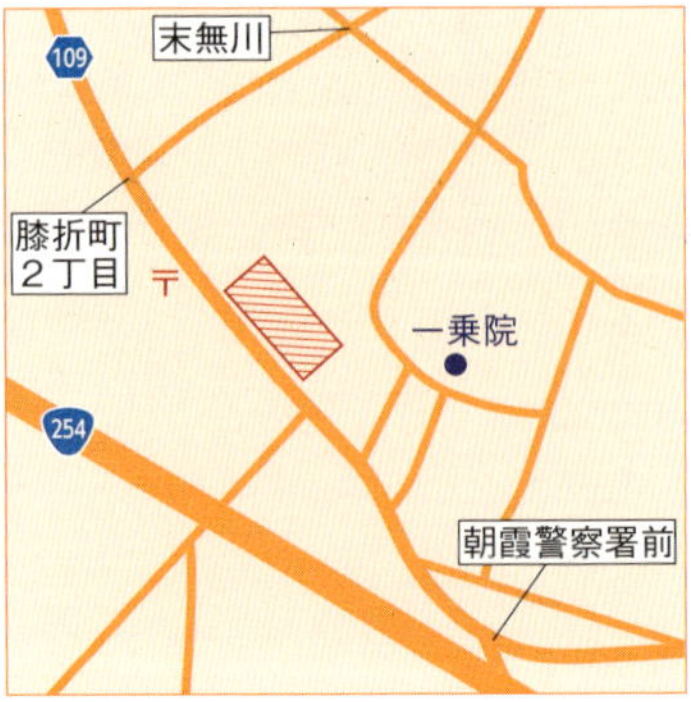

魂魄《こんぱく》となって主人を運んだ鬼鹿毛《おにかげ》

昔、常陸国《ひたちのくに》（現茨城県）の小栗《おぐり》の城が、敵に攻められ陥落した際、城主小栗孫五郎満重は、三河国（現愛知県）に向け逸早く逃げたので、その子、小次郎助重も、その後を追った。小栗の城からかなりの地点まで来ると、すでに夜の帳《とばり》も降り、辺りは闇に包まれていたが、近くにほのかな明かりを点《とも》す家を見つけたので、助重はその家が強盗の住みかとは知らず、一夜の宿を頼むことにした。家の主は、小栗の着装から、かなり金めの物を持っていると直感。殺して金を奪おうと企んだ。そこで、ご馳走《ちそう》する風を装い、酒に毒を入れて殺そうとした。その時、酌に立ったのが照姫という女性。この女は盗賊の一味だったが、助重がみすみす騙《だま》し討ちにされて殺されるのを不憫《ふびん》に思い、こっそりと賊どもの悪巧みを助重に教えてやった。それを聞いた助重は、勧められた酒を飲むように見せかけ、全部懐《ふところ》の中に流し込んだ。しばらくして、助重は賊どもが酔い潰れた隙を見て、屋外に出た。

運良く、そばの林に見るからに駿馬《しゅんめ》といった感じの鬼鹿毛《おにかげ》が繋《つな》がれているのを発見。この馬は、盗賊たちが通りかかった大名から盗んだものだったが、すごい荒馬だったため、さしもの盗賊たちも手におえず、林の中に繋いでいたといういわくつきの馬だった。

しかし、乗馬の名手である助重は、この荒馬をものともせずに乗りこなし、追っ手につかまらないよう激しく鞭《むち》を打ち続け、全速力で三河国に向け父の後を追い続けた。しかし、超スピードで、しかも長時間にわたって走り続けたので、さしもの駿馬も遂《つい》に途中の地で膝を折って死んでしまった。その地が膝折（現朝霞市）で、馬の

川越街道旧道（現県道新座・和光線）沿いに展開する旧膝折宿の中心部に位置し、江戸時代には脇本陣を務めた高麗家（こまけ）の住宅。おそらく名馬鬼鹿毛はこの辺りを疾駆したと思われる

死骸を埋めた場所が、新座市大和田の鬼鹿毛の松であるという。

一説では、小栗某は秩父の庄の人で、江戸に急用があり、愛馬鬼鹿毛に乗り、道を急いだ。柳瀬《やなせ》川を渡り、大和田宿が終わりかけた坂を登った辺りで、松の根元につまづき、主人もろともそこに倒れた。しかし、鬼鹿毛は直ちに起き上がり主人を江戸の目的地まで届けた。所用を終えた主人が愛馬を待たせた場所に戻っても姿が見えない。やむなく独りで家路に就いたところ、途中の大和田宿の入り口の鬼鹿毛が倒れた場所まで来ると、愛馬鬼鹿毛の死骸が横たわっているのに気付く。そこで、鬼鹿毛が主人の急用を知って、倒れて死んだ後もなお、魂魄《こんぱく》となって主人を江戸まで送り届けてくれたということが分かったという。

⑩ 膝折の高麗家は高麗神社祭神の裔孫《えいそん》か

朝霞市膝折1－14－23

新羅郡の地に残る高句麗系移民の痕跡

今から一二六〇年前の天平宝字二年（七五八）、現在の志木・朝霞・和光・新座の四市域とその周辺に僧尼を含む七四人の新羅系移民が移されたのを機に新羅郡が設けられたが、それより四二年前の霊亀二年（七一六）には、東海道諸国に住む高句麗《こうくり》系移民が武蔵国に集められ高麗《こま》郡が新設されている。現在の日高・飯能・鶴ケ島の諸市域に該当する地域と言えようか。高麗郡に定住した高句麗人は一七九九人と人数も多かったから、優秀な人材も多く含まれていたようで、やがて高麗郡人の中から高倉朝臣福信が武蔵守に登用されることになる。少数の渡来人集団に過ぎなかった新羅系移民のために新羅郡が新設されることになったのは、奈良時代後半に朝廷で最高の実力者だった藤原仲麻呂が右腕と頼んだ、亡命高句麗王族で新羅郡建郡の二年前には武蔵守をも兼任していた高倉朝臣福信の建言があってのことというのが最近の通説のようである。

明治四十一年（一九〇八）に朝霞市宮戸の宮戸神社に合祀された幾つかの神社の一つ、高麗神社（あるいは高麗方神社とも）の祭神は高麗地方に多く祀《まつ》られている白髭《しらひげ》神社の祭神と同じく武内宿祢《たけのうちのすくね》であることから言っても日高市の高麗神社との密接な関係が窺《うかが》われる（高句麗系移民を統率した高麗王若光は逝去される直前、髪も髭も真っ白になったことから、同じく死を前にして髪や髭が真っ白となっていた武内宿祢に擬せられることが多いようだ）。

ところで、鬼鹿毛伝説で名高い膝折地区は、草分けが高麗氏だけに、同地区最古の寺院一乗院の開基も高麗氏だという。なにしろ万治三年（一六六〇）の文書を見ると、そこに名を記す村方三役（名主・組頭・百姓代）の全員が

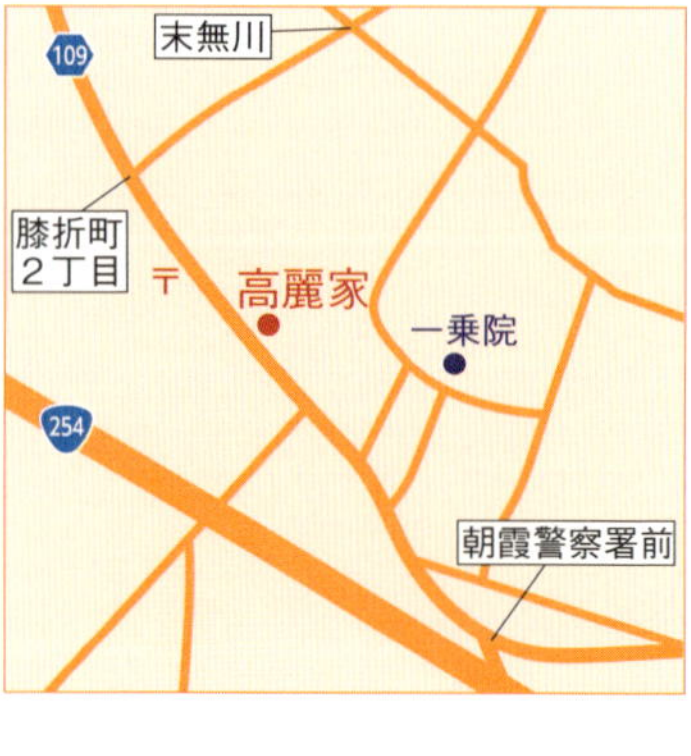

江戸時代に膝折宿の脇本陣を務め、今なお旅籠屋風な建築様式も窺える高麗家（屋号は村田屋）

高麗姓だというから、当時の住民のほとんどが高麗姓であったらしいことは十分推測できる。

また、朝霞市岡地区で江戸時代に代々庄右衛門を襲名して村の名主役を世襲していた比留間家の姓は今でも高麗地方に多く分布しており、岡の比留間家が高麗地方から来住した可能性を十分窺わせる。

今から四十年ほど前、筆者が高麗地方を巡遊した際、高句麗一族が日高市周辺に来住した際の中心人物だった高麗王若光を祭神とする高麗神社の系図を当時の高麗澄雄宮司から見せて頂いたことがある。それには文亀年間（一五〇一〜〇四）に豊丸という人物が膝於利（膝折）に出て、駒三郎を名乗ったと記されていた。

伝承によると、昔、高麗の城が落城した際、主将某は敵のために討たれ、家臣五人が逃れて落人となりこの地へやって来た。その頃はただの原野だったのをかの五人の者共が協力して原野を開墾、家を作って居住地とした。江戸後期にはその子孫が分かれて数軒になっていたという。

⑪ 縁切り榎

朝霞市膝折町3丁目交差点付近

板橋の縁切り榎の伝説が飛び火したものか

朝霞警察署を背に膝折宿を縦貫する旧川越街道を北上すると、膝折町内会館（膝折町一丁目）の交差点に達する。そこを左折して黒目川に架かる大橋を渡ると間もなく、西東京市保谷《ほうや》方面に向かう三差路がある。この辺りが榎木《えのき》の地点で、かつては道の真ん中に大きな榎が偉容を誇っていたことから榎木の地名が生じたようだ。この榎は大正五年（一九一六）に撮影された写真にはその姿をとどめているので、その後に焼失したらしい。

焼失の原因は、落雷で起きた火事によるとも、隣家の火災の延焼のためとも言われて、はっきりしないが、現存していないことだけは確かだ。その榎の近くにはかつて榎屋というお茶屋もあったりしているので、その辺りがかつてエノキと呼ばれていたらしいことが窺《うかが》える。榎の傍らにあった庚申塔《こうしんとう》は、現在、数十メートル離れた新道（地倍の坂あるいは足袋屋の坂）と旧道（榎木の坂）の分岐点の場所に移されている。

この焼失した榎を縁切り榎だとするのは、大島建彦編『武蔵の伝説』だが、二十数年前にご存命だった地元の古老たちからは縁切り榎の伝説の存在は否定されているようだ。その一方、この榎の皮を削って煎じて飲むと縁が切れ、そのお礼として榎木の地に絵馬を奉納した話を聞いたことがあると言う人もいる。いずれにしても、朝霞の縁切りの話は旧中山道板橋宿の縁切り榎と混同されたのかもしれない。

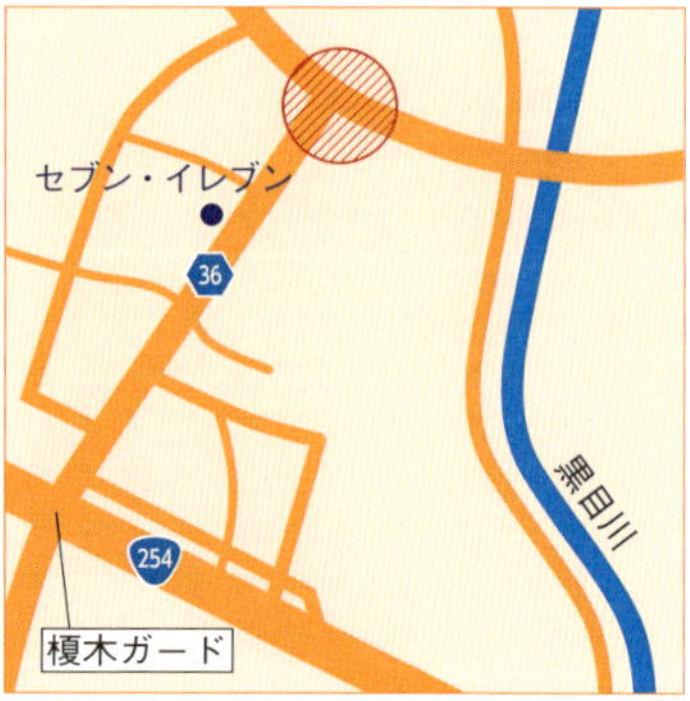

板橋の縁切り榎はかつてこの宿を形成していた上宿、中宿、下宿のうちの上宿に位置しており、石神井川に架かる板橋を渡った後のゆるやかな登り坂（岩の坂）の先で中山道に覆い被《かぶ》さるように枝を張っていたという。何

故、この榎が縁切りとされたかについては二説がある。一つは、この場所に生い繁っていたのは榎と欅《けやき》の一種の槻《つき》の双生樹だったから、榎をエンと訓《よ》み、エンの木とツキの木を訓み下して縁が尽きると解釈したという説、もう一つは、富士行者身禄《みろく》の富士山に入定《にゅうじょう》したいとの強い決意をなんとかとどまらせようとする妻と三人の娘の手を払い除《の》けて中山道を旅立った時に、追いすがる家族に自分の心願を言い聞かせて身禄が去っていった故事から榎に縁切り信仰が結び付いたという説である。

身禄がこの場所で家族と永久《とわ》の別れをして以来、嫁入りの行列が縁切り榎の下を通ると必ず不幸を招くと言われるようになったという。これは将軍の世継ぎに嫁ぐ皇族の息女の場合も例外ではなかった。

寛延二年（一七四九）の閑院宮《かんいんのみや》の息女、文化元年（一八〇四）の有栖川宮《ありすがわのみや》の息女が将軍の世継ぎの家治・家慶の許へそれぞれ輿入《こしい》れした時は回り道をして宿場入りされたし、文久元年（一八六二）に孝明天皇の皇妹和宮が十四代将軍家茂の許に輿入れされた時は榎の巨木の根元から梢《こずえ》まで菰《こも》で包んで見えないようにして榎の下を通り板橋の本陣に入られたという。

榎の巨木がこの辺りにあったという三差路

⑫ 末無川

朝霞市膝折町1丁目付近

小川の流れが突然消えてしまう不思議

途中から水が地下に浸透して水流が消えてしまうところから、末の無い川という意味で名付けられた末無川《すえなしがわ》の水源地は、今の堂山（前朝霞一中、現朝霞四小の裏辺り）より少し上がった場所にあり、膝折地区の草分け高麗一族が祀《まつ》る稲荷様のあった所だ。そこから流れ出る一メートル足らずの川幅で水深二十センチ前後の小川が、初めは下に向かって道の右側を流れ、途中から左側に移ったというが、現在の末無川の信号を過ぎてしばらく行き、大畑耳鼻咽喉科医院が元あった辺りまで流れると、突然、水が消えて無くなってしまうのだそうだ。水がどんなに増えても、野水が増えても、水が消滅するというのだから不思議な話だ。

水が途中で切れて無くなってしまうのでは縁起が悪いと、婚礼の行列の通行など、目出たい時はそこを通らず、わざわざ遠回りをしたという。また、兵隊で応召して入営する時も、縁起を担いで絶対にそこを通らなかったと言われている。この流れを挟んで両側にある溝沼《みぞぬま》村と膝折《ひざおり》村の間では嫁をもらったり婿に行くことが昔はよくあったようだが、末無川を渡って行くと不幸になると、この川を避け三十分ほどの余計な時間をかけてまでも遠回りしたと言われている。

飯倉音五郎という人が町長だった頃というから、昭和一桁代の頃だろうか、戦前膝折に住んでいた退職校長の大畑先生が、名前を変えればまともに水が流れると思い、「災無川」と命名して川のそばに木の札を立てておいたが、それでも、どうしても水は下流まで通らず、木札も間もなく無くなってしまったそうだ。昔、難波田《なんばた》という

「末無川交差点」の周囲に川はない。写真右側の駐車場にコンビニができたという

地名のために水害が多いのだからと、南畑と改称したにもかかわらず、一向に水害が減らなかった南畑村（現富士見市）と全く同じケースで、名前を替えただけではどうしようもない問題なのだ。

なお、文化・文政年間（一八〇四〜三〇）に編まれた『新編武蔵国風土記稿』の膝折村の項に記されている「古の街道跡は今の宿より北の方に寄れり」の記述を根拠に、古《いにし》えの川越街道が元坂から末無川沿いに通っていたと推測する人もいるようだ。その人は、末無川に接した畑の中から火事で焼けたような炭が大量に発掘されたのを知って、末無川沿いにあった家並みが現在の街道に移ったものと推測しているのだが。果たしてそうだろうか？

因みに、末無川は川幅が平均して八〇センチぐらい、水深は一〇〜三〇センチ程度で、魚はいなかったという。流れの長さはおよそ三〇〇メートルほどだったと八年前に亡くなった古老は証言していた。

⑬ 窮民を救済したお大尽

朝霞市溝沼2丁目付近

他人《ひと》のため出費惜しまぬ彦兵衛さん

昔、江戸時代中頃かに、溝沼には金子彦兵衛という名の大変情け深い大尽《たいじん》がいたという。この人は溝沼村の名主を務めた人物で、泉蔵寺内の観音堂の開基と言われている。彦兵衛の屋敷はカニ山下の稲荷のある畑地にあったと伝えられている。彦兵衛さんは地元に坂や塚を幾つも造って仕事のない貧しい人たちに労賃を払い、彼等を救ったと言われている。この人が造ったことにより、その名を今にとどめている坂や塚や稲荷があるので、紹介することにしよう。

①金子坂…溝沼一丁目と二丁目の境になっている道の途中、南公民館下の左側の坂を指すようだ。江戸時代の中頃、金子彦兵衛が自費で切り通した坂と伝えられている。

②金子塚…昔、ある飢饉《ききん》の年に、村人を救済するため仕事のない人に塚を築かせて賃金を支払い、そのお金で食糧を買わせるようにしたのだそうだ。塚というと、中に死んだ人の遺骸や遺物が埋葬されていることが多いが、ここの塚は賃金を支払う口実として造ったものだけに、塚の中には何もないという。なお、昭和二十年代に取り崩されたと言われるこの塚は、現在の朝霞消防署の近くにあった二つの塚山を指すようだ。塚を取り壊した際の出土品は東円寺に納められたという。昭和四十一年（一九六六）には、この寺の境内に金子塚供養塔が建てられている。

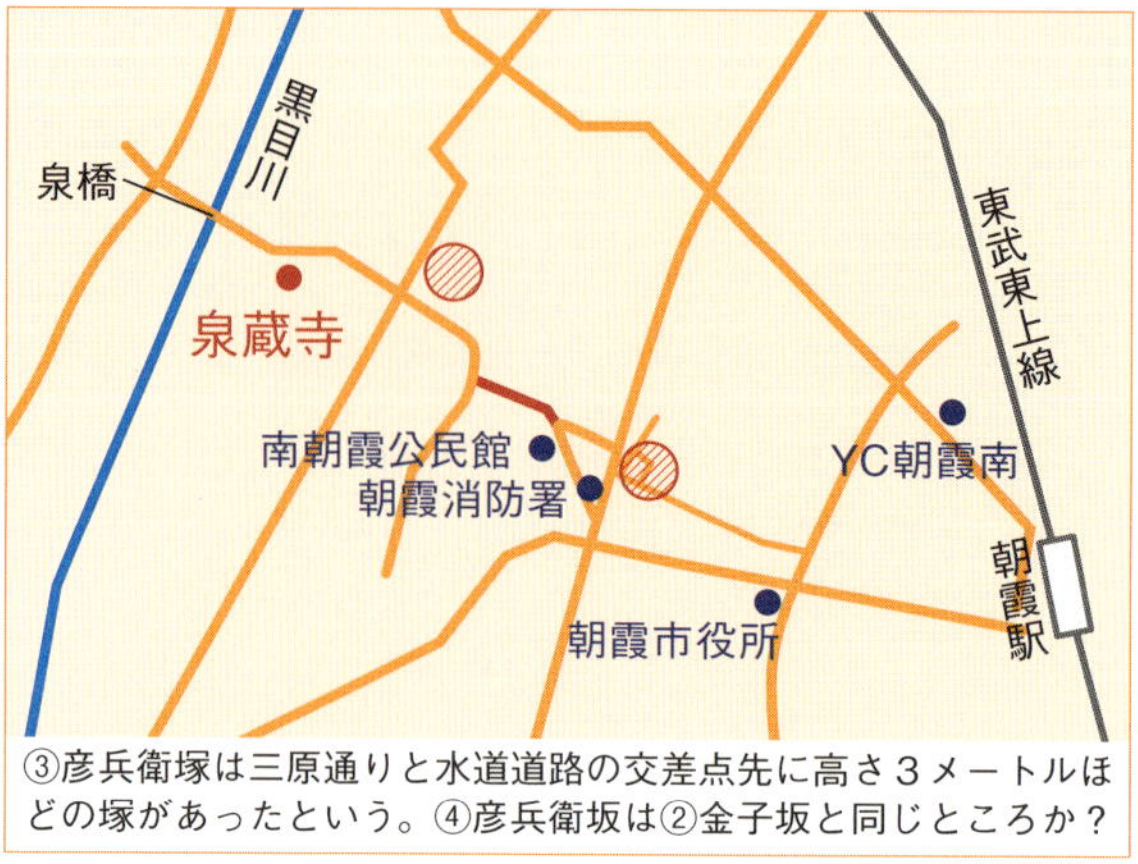

③彦兵衛塚は三原通りと水道道路の交差点先に高さ３メートルほどの塚があったという。④彦兵衛坂は②金子坂と同じところか？

③彦兵衛塚…下の原の現在、水道道路と三原通りの交差点の西側にあったという。高さ三メートルほどの塚山で、彦兵衛が昔築いたという伝説がある。一説には野火止用水を開削した時の測量塚という。昔、川越街道で行き倒れた人や馬を供養するために葬った塚で、仕事のない人を人夫として雇い、土の運搬をさせて賃金を支払ったという。

④彦兵衛坂…天明の飢饉（一七八七）の時に彦兵衛が現在の南公民館から下った辺りに新道を造らせて、工事に携わった人たちに労賃を支払ったという。支払い方法がユニークで、甕《かめ》の中に入れた銅銭を摑み取りにさせたという。

朝霞市溝沼３丁目にある泉蔵寺の観音堂。この真裏に金子彦兵衛の墓地があり、かつて建立しようとした十三仏の一部を見ることができる

⑤金子稲荷…金子家の稲荷様に祀《まつ》ってあった金の幣紙を盗んだ乞食が別の土地へ行って死んだので、土地の人が祟《たた》りを恐れてその幣紙を金子稲荷として祀ったと言われているが、その具体的な場所がどこなのかは不明だという。

⑥彦兵衛稲荷…この稲荷は、村人の便を思って、新しい坂道「金子坂」を江戸中期に造った当時の名主金子彦兵衛の屋敷跡に創建されたもので、近くの滝の根保育園も彦兵衛の分家筋の子孫が今から四十数年前に創設したものだという。

⑦溝沼の観音様…泉蔵寺の片隅には黒い木造の観音堂があるが、堂の中に祀られている観音様は三〇センチほどの金箔《きんぱく》張りの像で、彦兵衛の屋敷にあったものが泉蔵寺に移されたのだそうだ。なお、この観音様は広沢の観音様や和光市吹上の観音様と姉妹だと言われている。また、お祈りすると、乳の出がよくなるとも言われたようだ。

⑭ 作男の怨念、主家に祟る

朝霞市溝沼7－5

主人に斬首された作男の怨念を鎮めるために祀られた地類権現

溝沼地区の最東部に位置しているのが小字小屋敷だが、古くは中山屋敷の字名で呼ばれていたらしい。それは江戸初期からしばらく中山家がこの地を領していただけでなく、その宅地だった時期もあったことからこの字名が生じたらしい。

天正十八年（一五九〇）に豊臣秀吉と小田原北条氏との間に戦端が開かれ、小田原側の最後の拠点八王子城が豊臣側の前田利家・上杉景勝らの攻撃を受けた際に、小田原城に籠城した城主北条氏照に代わって、この城を守備していた重臣の中山勘解由家範らは奮戦も空しく、衆寡敵せずして最後は城と運命を共にすることになった。しかし、この時、豊臣側にあった徳川家康は家範の奮戦ぶりとその勇猛さを賞し、遺児の照守と弟の信吉を旗本に取り立て、兄には五百石の地を賜った。一方、家康の子頼房の守《も》り役に任ぜられた弟の信吉も、頼房が家康の命により水戸徳川家を興すや、水戸家付き家老として水戸に赴き、以後、水戸家の筆頭家老として重きをなした人物だ。特に頼房の後嗣を決めるにあたり、兄頼重を差しおいて、まだ六歳だった光圀を世嗣に推挙したことは、光圀が後に副将軍になったり、『大日本史』を編纂するなど、多方面に活躍したことを考えると、信吉がいかに炯眼《けいがん》の持ち主だったかが分かろうというものだ。

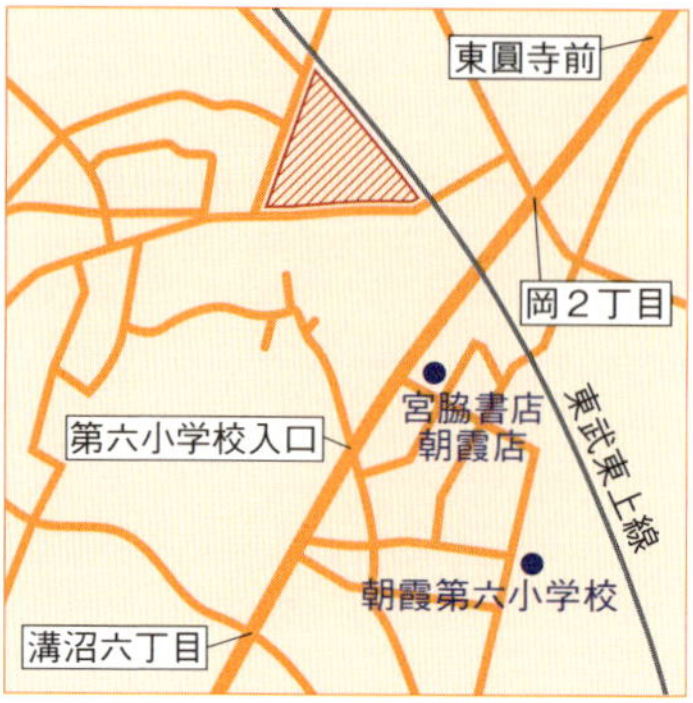

照守の子、直定も父の後を嗣いで大坂の陣などで武勇を発揮し、馬術も将軍の上覧に供するほどの名手だったが、直定の弟、直範も将軍に馬術を教授するほどの達人だったという。その直範は万治二年（一六五九）、営中で

日根野権十郎なるものを悪罵した咎《とが》により播州姫路に流された後、寛文三年（一六六三）七月二十日許されて、この地に閑居したという。

直範には美しいてる姫という娘がいたが、家に奉公していた作男といつしかねんごろな関係になり、姫は妊娠してしまった。それを知った直範は激怒し、作男を打ち首にしてしまった。姫は嘆き悲しんで、稲荷下の池、つまり赤池に身を投げた。このことがあって以来、中山一族には不運が続いたので、姫の霊を弔おうと、稲荷下の池から石を掬《すく》い上げたところ、地類権現と彫られていたので、氏神として地類権現社を祀《まつ》ったという。溝沼の地類権現社（後の氷川神社）が中山氏の勧請《かんじょう》とされる所以《ゆえん》だ。

直範の後、直定・直守・直房と中山氏は三代にわたり、この地を領したが、元禄十一年（一六九八）に武蔵・上総両国に賜っていた知行地七百石が一括して下総国香取郡内に移されたので、それ以来、中山氏と溝沼地区との関係は絶たれた。そこで、いつしか中山氏の名が地名から消え、古い屋敷の跡という意味で古《こ》屋敷と呼ばれるようになり、更には時代の経過とともに屋敷の存在そのものが忘れ去られるようになって小屋敷に変じたものと思われる。

今はない赤池は、東上線の西側の小屋敷内にあったのだろうか？現在はマンションが建ち、その北側には特別養護老人ホームが建設されている

⑮ 水争いを解決した妙典さん

朝霞市溝沼7－4付近

いまだに塚や橋に名を残す地域の恩人

東京メトロ東西線に妙典《みょうでん》という駅がある。駅名は地元に永禄八年（一五六五）以来、妙典という村があったことに因んで付けられたらしい。この村は元禄までの間に上下に分かれようだが、江戸時代は一貫して全住民が日蓮宗の信者であったという。一時は日蓮宗から離脱して中山妙宗の大本山となった後、現在は日蓮宗の霊跡寺院に位置づけられている大寺の法華経寺が近くの中山にあったことによる影響だろうか。そもそも妙典とは法華経のことをいうらしく、現在の市川市全域と船橋市・鎌ケ谷市の一部を含む「葛飾」地域の江戸後期の地誌『葛飾誌略』には「当村（上下の妙典村）の名は尊き名也」と記している。その尊い名前を持った尼の妙典さんが今から三百数十年前の江戸初期に黒目川の左岸の浜崎村と右岸の溝沼村の間で長い年月にわたって続いてきた水争いを解決するための妙策を考案したことで今にその名を残しているのだ。

昔の黒目川は今よりも蛇行が著しかったので、雨が降れば洪水となって沿岸住民を悩ませるし、渇水の時期ともなればこの川の水を利用していた村々の間で少しでも自村側に余計に水を引こうとして、沿岸の村人たちを絶えず争わせる原因となっていた。

妙典さんは黒目川の泉蔵寺の裏手に大堰《おおぜき》を造り、水田の多い浜崎に六、溝沼に四の割合で黒目川の水を流す水路を開き、洪水を防ぐとともに、水の争奪をなくす方策を考えたのだ。この両村に四・六の割合で分水する水路だということから四分六堀と呼ばれたり、溝沼には四分の割合で分水されたということで四分堀といった違う呼び方をされているが、実質は全く同じだ。溝沼側に引か

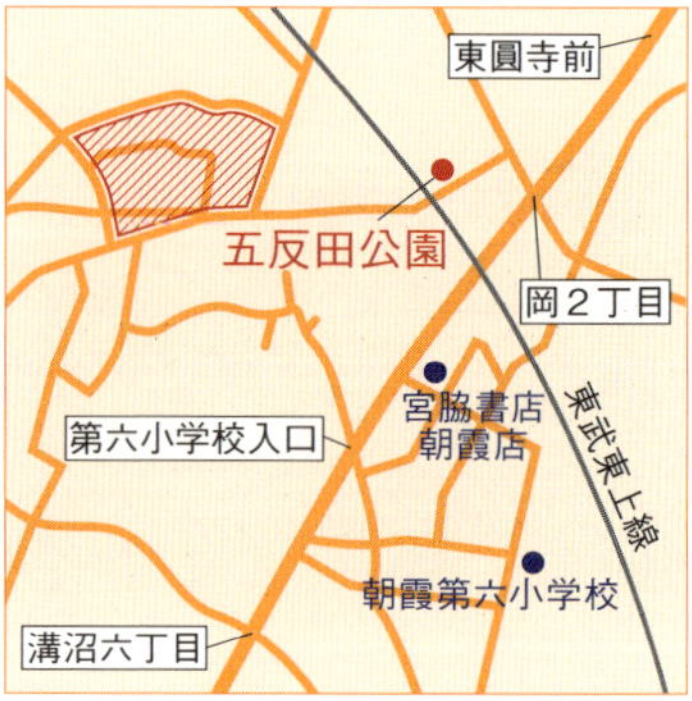

れた四分堀の水は水車が盛んに操業されていた頃には、水車を回すためにも使われたというが、今はその当時の痕跡すら残していないという。

　何十年か前までは田んぼの中に残っていたという妙典塚は、二本松通りを背にして東上線に向かい、赤池から畦道を通ってガードを潜り数十メートル行った左の畑の一角の粗末な竹垣の中に花が飾られた塚らしき場所がそれだと言う人もいる（五反田公園の辺りらしい）。

　ところが、最近、極めて貴重な情報を、誕生以来、八十数年、溝沼に暮らしてきた故橋本日出松さんから聞くことができた。すなわち、同地を貫通する岡道の一部の端を流れていた四分堀に沿って直進、獅子《しし》倉《くら》工務店角の三差路を左折して間もなくの場所に農業用水の四分堀が埋め立てられるまでは石橋の妙典橋が架かっていたという事実だ。また、この橋を渡って直《す》ぐを左折すると、右側にはかつて田んぼだった湿地帯があったそうだが、その一角に妙典さんが住んでいた庵があったらしいという。妙典橋と妙典さんの庵についての情報は前記橋本氏が生前の厳父録三郎氏から教示されたものだそうだ。

　なお、五反田公園付近に〆縄が張られたり花が飾られていたのが見掛けられた場所があったというのは、妙典関係からではなく、蔵王権現社の跡地という理由からのようだ。

　興味深いことに、妙典さんの庵跡の付近にはかつて赤池があった。赤池は仏にお供えする浄水を汲む池のことだから、尼の妙典さんとはなんらかの関係があったのかもしれない。残念ながら、赤池のあった場所はマンションが建ったりで昔の面影を偲《しの》ぶことはできない。

東上線の西側から見てガードの手前、現在の朝霞市溝沼７－４辺りに妙典橋が架かっていたという

16 溝沼のケツアブリ

朝霞市溝沼地区

冷えきった体の坂上田村麻呂の軍勢に暖を取らせたことが起源？

坂上田村麻呂は延暦十六年（七九七）に征夷《せいい》大将軍に任命されてから四年後、奥羽地方で朝廷にまつろわぬ蝦夷《えみし》の討伐のために奮闘した武人として知られているが、彼が奥羽に赴く途中、旧新座地区（現在の志木・朝霞・新座・和光など）の辺りを通過した時、夏だというのに、大雪が降った。冷えきった体の田村麻呂以下の将兵たちのために、小麦を脱穀した殻のバカヌカを燃やしてケツをあぶり暖をとらせたという話が入間・比企・大里・児玉・北足立など各地に広く伝えられている。

実は、延暦年間（七八二～八〇六）の頃、比企郡の岩殿山の麓に棲《す》む毒蛇が地元の農民や旅人に危害を加えることが多かったので、地元の人たちは圧倒的な武力の持ち主である田村麻呂が奥州への下向の途中、岩殿山付近を通るかもしれない田村麻呂にこの毒蛇を退治してもらおうと考え、将軍に退治方を懇請した。将軍は民衆のためを思い、岩殿観音に、七日七晩、熱心に祈願したところ、大悲の誓願の期間が満ちる日の明け方になって、観音様から「六月一日に時ならずして大雪が降るはずだから、雪の消える場所を追って行けば、毒蛇の棲み家が分かるはずだ」というお告げがあったところで夢が醒めた。

果たせるかな、翌朝、岩殿観音付近は指を落とすほどの寒気とともに、尺余もの大雪に見舞われた。将軍は有り難く思い、兵士を引き連れ、ここの沢、かしこの峰と駆け巡っているうちに、観音堂の北の方角に当たる山地に雪が消えて大蛇の通った跡がくっきりと現れたのが見えてきた。そこで急いでその跡を追いかけ、ついに弓を

放って毒蛇を殺すことができたという。

　時ならぬ大雪だっただけに、将軍をはじめ、兵士たちは体が凍えてしまっていたので、平地に火を焚《た》き尻をあぶって寒気を凌《しの》いだが、一方、地元の農民たちは小麦粉の茹《ゆ》で饅頭《まんじゅう》を作って兵士たちの労をねぎらったとされている。この時、近所の民家でもジョウグチ（屋敷内の通路の公道への出口）で火を焚いて寒気を凌いだので、その後、旧暦の六月一日には、その例により、観音堂の十里四方、家毎に麦殻や藁《わら》束を燃やして尻をあぶるようになったといわれている。溝沼や付近一帯のケツアブリもその影響かもしれない。

麦藁を燃やして尻をあぶる（鶴ヶ島市脚折）
〔出典：『新編埼玉県史　別編２民俗２』（埼玉県）〕

　なお、兵士たちの労をねぎらった饅頭は、所によっては小麦の饅頭とも小麦団子とも酢饅頭とも言われて一定していない。

　また、付近の農民たちが麦藁《むぎわら》を焚いて軍勢を暖めた故事をノゲノイブシと呼ぶ所もある。ノゲとは大麦の穂先を指すからだ。なお、この伝説は麦作り地域の行事と田村麻呂の東征譚が結び付いて成立した話と専門家は見ている。

【新座市域編】

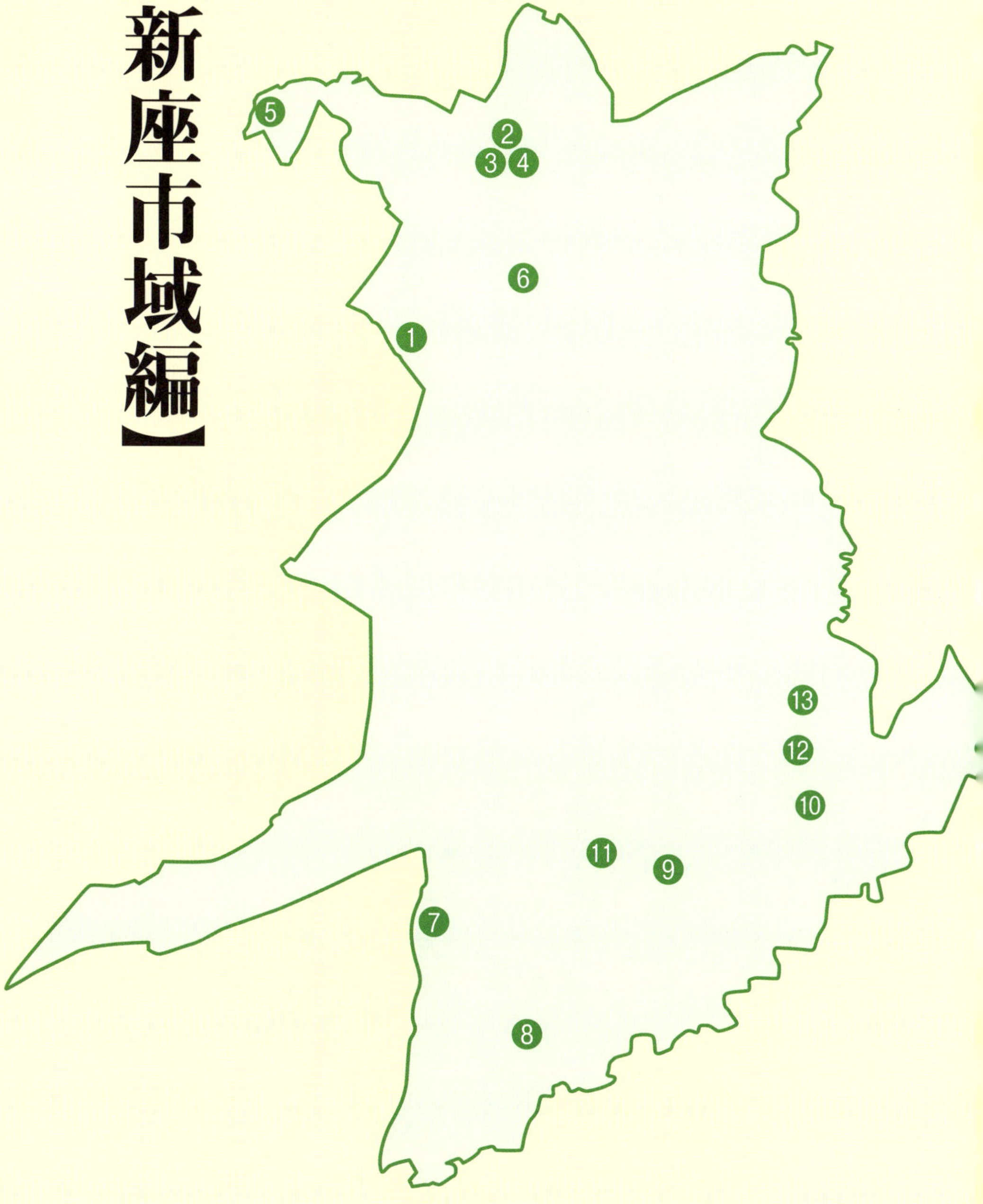

① 強清水

息子たちにはただの水が、父親が飲むと旨い酒に

新座市大和田2丁目付近

　今から五、六年ほど前の「スマイルよみうり」で、和光市の越戸《こえど》川上流地区に伝わる伝説として「強《こわ》清水」を紹介したことがある。その時に県内では皆野町と吉田町に同様な話が伝えられていると述べたが、その時点では和光市から八キロと離れていない新座市大和田に同名の伝説が伝わっているとは思いも寄らなかった。

　和光市をはじめ県内各地の「強清水」伝説はいずれも、親が飲めば酒なのに子が飲むとただの水という内容で、恐らく苦労をして父親に育て上げられた子供がやがて終末期を迎えようとする父親にせめて大好きな酒を飲ませてやりたいという気持ちが世間に広まっていたからではなかったろうか。子供たちが老いる親に大好物の酒を振る舞ってやりたいという親孝行の気持ちをなんとか実現させたいという願望がこの伝説の背景になっていたのだろう。これらの親孝行の息子の物語の中で最も代表的なものは岐阜県の「養老の滝」で、大衆酒場チェーンの屋号にも採り上げられているほどだ。

　話を新座市の「強清水」に戻そう。

　中世の頃には「イザ鎌倉」とか「スワ鎌倉」という言葉があって、幕府のあった鎌倉に一大事が起きた時には、武具をまとった武士が一族郎等と共に鎌倉に駆け付けるための道路網が関東一円に張り巡らされていた。これが鎌倉路とか鎌倉道と呼ばれた街道で、新座市大和田地区にも北関東からの鎌倉路が、志木市域を経て普光《ふこう》明寺《みょうじ》の脇を通って府中へと向かっていた。その道が旧川越街道を越えてしばらく行き、四、五十年ほど前までは普光明寺の詣り墓（石塔墓地）に移葬されるまで数年間、土葬の場として使用された三本木の埋め墓（サンマイぁ

るいはナゲコミ）があった。暗いその墓地を過ぎてなお進み、やがて清瀬市下宿に入ろうとする県境の付近に、こんもりと樹が生い茂り、当時、土地の人が「しみずさま」と呼んでいた清らかな水の湧いている泉があったという。もっとも、その辺りは現在はＪＲの武蔵野線が通っている場所なので清瀬市の市域だった可能性があるという人もいるのだが…。

昔、この辺りから程近い所に、両親と男の子の三人の親子が住む貧しい農家があったそうだ。父親は、毎晩酒なしではいられないほどのアル中的存在だったが、家が貧しいので酒を買うどころではなかった。しかし、父親は自分の家の

新座市大和田２丁目と３丁目の境にある三本木通りを南下すると、ＪＲ武蔵野線の高架が見えてくる。この辺りが「しみずさま」だったといわれているようだ

窮状が分かっていないのか酒がないと大声で家族を怒鳴り散らすのが日常だった。

ある日、父親はいつものように「酒がない」と言って暴れ出し母親を困らせた。子供は徳利を持って家を出たが、酒を買う金もなく思案に暮れていたが、やがて誘われるように「しみずさま」の所へ足が向いていた。そこにはいつものように清らかな清水がこんこんと湧き出ていた。子供はその清水を徳利に詰めて家に持ち帰った。早速、子供は酒の代わりにその徳利を父親に差し出すと、父親は喜んでそれを飲み、「こんな旨い酒は飲んだことはない」と言って喜びながら何杯も飲み、やがて酔いが回って気持ち良さそうに寝てしまった。翌日もその翌日も、更にその翌日も不思議な出来事は続いた。

不思議に思った母親が子供の後をつけて行って、初めて「しみずさま」の水を汲んで来ることが分かった。しかし、母親が口に含んでも、母親にはなんの変わりもないただの水だったのだ。しかし、父親が飲むと、上等な酒に変化してしまうという不思議な話だ。

② 坂上田村麻呂、普光明寺の創建に貢献

新座市大和田4－13－30　普光明寺

田村麻呂、新設寺院の本尊にと
自身の守り本尊の地蔵像を寄贈

埼玉県西部地域では、近隣四市から入間・比企方面にかけて、旧暦の六月一日に小麦のバカヌカ（小麦を脱穀した殻《から》）を家のジョウグチ（屋敷内の通路の公道への出口）で燃やす風習が比較的最近まで残っていた。しかも、その多くは昔、征夷大将軍の坂上田村麻呂が朝廷にまつろわぬ蝦夷《えみし》の討伐のため奥州に向かう途中、時ならぬ寒さと降雪にもめげず、遭遇した賊徒（あるいは大蛇）を退治した際、寒さに凍える将兵たちに暖をとらせるために始まったと伝えられているようで、「尻あぶり」という呼び名が一般的である。

桓武天皇の宣旨を受けた田村麻呂は延暦二十四年（八〇五）九月、都を出発して東北地方に向かい、無事、蝦夷征討の任務を果たして、翌大同元年（八〇六）三月二十四日に帰京した。田村麻呂は帰途、大和田に立ち寄り「ここは静寂の地だ」と気にいられ、この地で休息されることになった。その時、十輪坊という僧が一寺を建立したいと申し上げたところ、将軍は懐中から地蔵像を取り出し、「これを汝《なんじ》の寺の本尊として与えよう」と言って地蔵の尊像を授けてくれた。その時将軍は、この尊像は行基菩薩が自ら作られただけでなく開眼までされたものだけに疎略に扱わないようにと念を押された。こうした経緯により、初めのうちしばらくの間は十輪庵と称していた寺の名を延喜三年（九〇三）十月に地蔵院と改称することになった。

その後、建仁二年（一二〇二）、鎌倉幕府二代将軍頼家は念願の征夷大将軍の官位を受けたのを機に、運慶が新たに彫刻した一千体の地蔵尊を奉納して当寺の本尊とし

朝霞地区四市の中で最古の歴史を誇る普光明寺の山門

た。その時以来、この一千体の地蔵尊は、三十三年毎に開帳されることになり、同時に寺号を福壽山地蔵院普光明寺と改めた。

なお、この寺からは、昭和五十一年（一九七六）九月に、善光印が捺された天平勝宝八年（七五六）の「大威徳陀羅尼経」の写経の断片が発見されたというビッグニュースが当時の主要新聞の紙面を賑わした。この写経が書かれた天平勝宝八年という年は、現在の朝霞地区四市に当たる新羅郡が新設された天平宝字二年（七五八）より二年も前のことだけに興味深い。

ちなみに、この寺は、江戸初期には、地元の龍泉寺をはじめ、竹間沢村（現三芳町）に泉蔵院、亀久保村（現ふじみ野市）に地蔵院、針ケ谷村（現富士見市）に西光院、宗岡村（現志木市）に千光寺と観音寺、舘村（現志木市）に長勝院といった合計七か寺の末寺を擁するほどの大寺になっていた。

❸ 普光明寺の千体地蔵

新座市大和田4－13－30　普光明寺

将軍頼家の寄進になる、三十三年毎にしか開帳されない秘仏

新座市大和田地区には近在四市の寺院中で最も古くに創立されたと見られる普光明寺《ふこうみょうじ》という古刹があり、その境内には三十三年毎にしか開帳されない千体地蔵が祀《まつ》られている。厨子内の中央には高さ約一五センチほどの地蔵菩薩座像が安置され、その周囲にはおびただしい数の高さ約五センチほどの小さな木造地蔵菩薩立像が並んでいる。中央の地蔵は行基、その他の千体地蔵は運慶の作と伝えられている。なお、千体地蔵は朝頼の息頼家が建仁二年（一二〇二）将軍の官位に就任したのを記念して奉納したと伝えられている。

寺僧の言い伝えでは、昔、六郷某という人物が武蔵野合戦に負けて落人となり、この地蔵堂の中でまどろんでいたところ、図らずも霊夢を見て、それから引き返して勝利を得たという。そして、更に、このことは『太平記』にも記されており、今もその時に帯していた太刀を地蔵丸と名付け、その家の家宝として所蔵しているという伝承を記したのち、しかし『太平記』にはそんな記事はなく、こうした寺僧の言い伝えは信じがたいものがあると述べているそうだ。

『太平記』に取り上げられたらしい武蔵野合戦というと、すぐ元弘三年（一三三三）の新田義貞の鎌倉攻めを連想してしまう。しかし、地蔵堂の開眼が暦応元年（一三三八）であることから、この合戦は元弘の戦いではなく、足利尊氏が後醍醐天皇らの新政に反して室町幕府を樹《た》てて以後、関東の地でも南北朝の両派に分かれて繰り返された数多くの戦闘の中のいずれかの合戦ではなかったのではないかと思われる。

ところで、千体地蔵が行基と運慶の作というのは信じがたいが、頼家が普光明寺に寄進したという伝承がなぜ生まれたかについては少し考えてみる必要があろう。

独裁的立場にあった頼朝が正治元年（一一九九）に死去した後、二代将軍となったのが頼家だ。頼朝の死後、比企郡を本貫とする比企氏は頼家の乳母家として頼家の側近第一号となるが、頼朝の妻政子の生家、北条氏が幕府の実権を掌握するのに障害となる頼家は幽閉されたあと比企氏ともども元久元年（一二〇四）滅亡させられる。その翌年の元久二年（一二〇五）には、武蔵国の最有力御家人だった畠山重忠も二俣川（横浜市旭区）で北条氏によって誅殺されることになる。因みに、重忠は比企氏の乱では頼家の側近でありながら北条氏に味方して比企氏を討ったとされている。

33年毎にしか開帳されない秘仏の千体地蔵
〔出典：『郷土史新座』（新座市教育委員会）〕

本貫地を比企郡近くの大里郡畠山としながらも、後に比企郡の菅谷（現嵐山町）に築城した畠山重忠は、比企氏との関係、したがって頼家との関係も密接だったが、畠山重忠は生前、道場（現さいたま市桜区）に居城していたこともあるらしく、居城の近くから出土した観音像を納めるために設けた道場が江戸初期に与野（現さいたま市中央区）に移され現在の円乗院になったのだそうだ（だから、円乗院は畠山重忠の開創になるとされている）。普光明寺の千体地蔵が頼家によって寄進されたのには、ひょっとして鎌倉時代に浦和にまで勢力を伸長していた畠山重忠の介在があったのではというのが筆者の推論である。

千体地蔵が納められている千体地蔵堂

④ 普光明寺の引導地蔵

新座市大和田4−13−30　普光明寺

高野山の山中で道に迷った覚円和尚を救う

新座市大和田の鎌倉街道脇には大同元年（八〇六）に律宗比丘の開山といわれるほどの古刹にして、三十三年に一回しか開帳されないといわれる秘仏の千体地蔵を有する真言宗の普《ふ》光明寺《こうみょうじ》がある。この寺の表門右側の南隅に安置されているのが本稿主役の引導地蔵尊である。

この地蔵尊は、文化二年（一八〇五）に時の住職だった二十七世阿闍梨《あじゃり》法印覚円の手によって建立されたもので、当初は千体地蔵堂の入り口付近に建てられていたのを、後日、信徒の人々の協力によって地内に安置されると共に現在地に移されたといわれている。

引導地蔵建立の口《く》伝によると、覚円和尚が京都の本山智積院に出向いた折りに高野山にも立ち寄ろうとしたが、麓から山に向かっているうちに夜の帳《とばり》がすっかり降りてきたうえ、紛れ込んだ場所が生い茂る杉木立ちの中とあっては方角が皆目判らず困り果てた。そうこうしているうちに昼間から歩き続けて来た疲れも極限に達し、路の脇の木の切り株に腰を下ろすとすぐに眠りに落ちてしまった。

こうして山中で転寝《うたたね》をしていた時に地蔵尊が夢枕に立ち、「地蔵の顔の向きに従い下山せよ」とのお告げがあった。和尚はそのお告げの通りに、地蔵尊のお顔が向いている方角に歩いているうちに、いつのまにか森の中を脱して、無事、麓の村に辿り着くことができた。山中で遭難せずに済んだのは偏えにあのお地蔵さんのお陰に違いないと感謝した和尚さんは、東海道の長旅を経て大和田の寺に戻ると、すぐに地蔵尊のお姿を再現した石像を刻んで祠《ほこら》の中に建立し、そのうえ丁重な供養をして最大限の感謝の気持ちを表した。

それ以来、和尚が生前に所用で門外に出掛ける時には、必ず「覚円、どこへ行く」と地蔵尊から声を掛けられたという。道に迷った覚円和尚を助けた地蔵尊のご利益はやがて多くの村人に知られるようになり、村人が故郷を離れて遠出をするような時には必ずこの地蔵尊に参詣して旅の安全を願ったという。

また、引導地蔵の名から、死後の極楽浄土へのお導きを願うようにもなり、老若男女を問わず多くの人から信仰されるようになって参詣者も多くなり、集まった賽銭《さいせん》で芝居を掛けることもできたといわれている。

現在は堂の奥深くに祀《まつ》られているため、引導地蔵のお姿や刻銘の文字がはっきり見えないことが原因してか、子育て地蔵と誤解される向きもあるようだが、引導地蔵尊が正しい名称である。

近頃は交通災害や迷子が多い世相を反映して、参拝者も日毎に増える傾向にあるという。

今でも近隣の人たちが旅行前などにお参りに来るという地蔵堂にある引導地蔵尊

県立新座柳瀬高校のすぐ近くにある普光明寺表門右側に建つ地蔵堂

5 鯉になった少女

熊野詣で姿の比丘尼の後を追って
少女は水中に消える

新座市中野1丁目

昔、現在の跡見学園女子大学の裏手付近がまだ山林だった頃、その辺りには何か所もの泉が湧き出ていたようだ。これらの湧き水がやがて一本化して中野川となり、中野の集落をめぐり抜けた後、しばらくしてから竹間沢集落を経て柳瀬川に合流していた。

この何か所もあった泉の中でも最大だった猪頭《いがしら》池の付近に箕《み》作りや箕直しを生業とする貧しい一家がいつの頃からかテントを張ったような粗末な家にひっそりと住み始めていた。父親は近所の竹林から竹を切り出し、箕《み》、笊《ざる》、茶筅《ちゃせん》、釜敷《かましき》などを作って最寄りの大和田、引又（現志木市）、膝折（現朝霞市）などの町場に持って行って売り、その代金で生活必需品を購入して帰るのが日常だったが、なかでも破損した箕の修繕、つまり箕直しが仕事の大きな部分を占めていたらしい。農家の多かった地元の中野では箕などの修理の需要は多かったはずだが、父親は地元住民との接触は意識的に避けていたようだ。明治の頃には、この箕直しの一家の付近に住む人々の中には周辺で追い剥ぎを働く不逞の輩《やから》がいたこともあって、警察当局の探査の対象にもなったらしく、一家としてもなるべく身を隠す必要があったのだろう。

この箕直し一家には、年の頃、十二、三歳、鄙《ひな》には希《まれ》な目鼻立ちの美しい少女がいた。年端も行かない少女は同年輩の子供と仲よく遊びたい気持ちが強かったが、地元住民とは没交渉であるべきとする父親は、自分の方針を娘にも強要した。ところで、江戸時代の中野村は、お盆の日には獅子舞いを熊野神社に奉納するのが吉例になっていたので、七月に入れば練習の笛の音も集落中にかしましく聞こえるようになり、若者たちは誰もが浮き浮きと高揚した気分に浸っていた。祭り当日、父親の戒めは娘の記憶から次第に薄れていったらしく、娘はついに笛の音に誘われて村人の中へと吸い込まれて行った。

　近所の同じ年頃の子供たちと会ってみると、初対面ながら周りの人たちの接し方は常日頃父親から聞かされていたとは全く違って温かく親切で、時の経つのも忘れてしまうくらいに楽しいひとときだった。しかし、しばらくすると少女は家のことが突然脳裏に蘇り、後ろ髪を引かれる思いで家路に着いた。帰り道を歩きながら、少女は父親に厳しく叱られやしないかと心配でたまらなかった。案の定、帰宅すると、父親はあれほど娘が村の祭りに出掛けるのを嫌っていただけに、すごい剣幕で娘を叱り、家の中に入れてもくれなかった。娘は予期していた以上の父親の激しい怒りに触れてすっかり意気消沈し、川のほとりを泣きじゃくりながら無意識のうちに泉の方に向かっていた。

新座市中野１丁目にあるサンケンロジスティクス㈱の裏手には中野川の源泉跡らしき低地があり、魚獲りもできた湧水の一つが写真左側にかつてあったらしい

　泉の近くに鎮守の熊野神社が祀られていたからか、娘が泉の前に佇んでいると、熊野詣で姿の美しい比丘尼《びくに》が泉の中から現れて娘を手招きしている。娘は誘われるままに、泉の中へ入って行った。すると、比丘尼の姿は消え、後を追うように娘も水の中を流れていくうちに、やがてその姿も水面から消えてしまった。そして、娘の代わりに一匹の金色に輝く大きな鯉が泳いでいたという。娘が失踪した箕直しの一家は、その事件があってから間もなくいずこへともなく立ち去って行ったそうだ。
　翌年も獅子舞いの季節がやって来た。その頃、村人の何人かが、中野川に美しく金色に輝く大きな鯉が泳いでいるのを目撃したという。でも、その大きな鯉が前の年に行方不明になった娘の化身だと気付く者は誰一人としていなかったそうだ。

6 鬼鹿毛様

新座市大和田1－16－4

死んでなお魂魄となって 主人を目的地に届けた忠馬を祀る

三代将軍家光が敬愛してやまなかった家康を祀《まつ》る東照宮は日光をはじめ全国に数多くあるが、日光、久能山と共に三大東照宮の一角を占める仙波（川越）の東照宮への参詣の道として造られたのが川越街道で、終点川越から江戸に向かって二つ目の宿駅が大和田宿だ。この宿の最も江戸よりのはずれ、坂を上るちょっと手前の左側に鬼鹿毛《おにかげ》様と呼ばれる馬頭観音の石像が立っている。その鬼鹿毛様について少しく述べよう。

昔、秩父の庄に住む小栗某という人が江戸に急用があって愛馬鬼鹿毛に乗って道を急いだ。大和田の宿にさしかかった頃、名馬といわれた鬼鹿毛も急いでの長旅のため、次第に疲労の色を見せるようになり、ちょうど、大和田の宿を通過して宿のはずれに差し掛かった時、街道にまで張り出していた松の根方に躓《つまず》き、主人もろともそこに倒れてしまった。しかし、流石《さすが》は名馬、直ちに起き上がり、主人を江戸の目的地まで送り届けたという。ところが、所用を終えた主人が待っているはずの愛馬のところに戻ってみると、その姿が見えない。

不思議に思った主人は、仕方なく愛馬を求めながら家路を急いだ。やがて大和田の宿に入ろうとした時、往きに愛馬が倒れた場所に空しく息絶えた鬼鹿毛の亡骸を見つけた。

主人の急用を知っていた鬼鹿毛は、倒れた後も魂魄《こんぱく》となって走り続け、主人を江戸まで送り届けたのだ。これを知った小栗某は愛馬の霊を弔うために、馬頭観音の石像を建てたのだそうだ。この話は『郷土史新座』に紹介

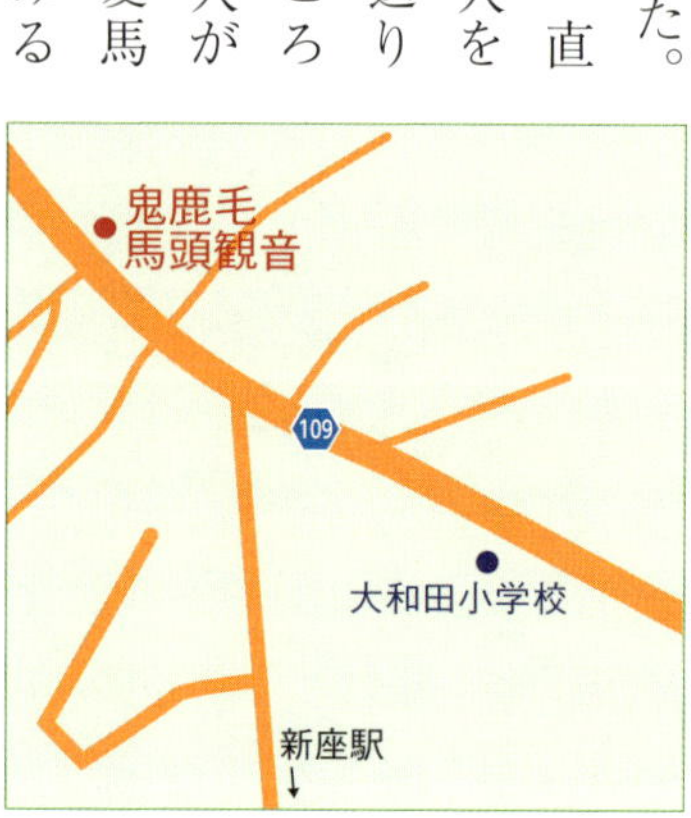

されている。

鬼鹿毛様のお祭りは例年三月十五日に行われてきたそうだが、昭和初年頃までは首から腰にかけて飾り物をつけた近隣の馬が鈴を鳴らしながら飼い主に引かれて集まり、記念碑の周りを駆けたりする祭事を見るため人も馬も大勢集まったといわれる。近年は飼われる馬の数がどんどん減ってきたこともあって、このお祭りも廃れてしまっているそうだ。

鬼鹿毛様

なお、鬼鹿毛の馬頭観音を祀る小祠の一隅には、幕末に俳人として地元や近隣地域で活躍した俳人・中野園東雲が建立した芭蕉の句碑が建っている。

ところで、本欄と本書朝霞編の膝折伝説とは登場人馬名が全く同じであるのに、出身地と最終目的地が違って伝えられている。本欄では小栗某は秩父の庄の出身としているが、朝霞編では常陸の住人となっている。また、本欄では行き先が江戸であるのに、朝霞編では神奈川県藤沢市らしく述べられている点が不可解である。

なお、小栗某は応永三十年（一四二三）に常陸国の小栗城が落城した時の城主として実在した小栗満重のことで、落城の際、子の助重と共に三河国にいた一族の小栗貞重を頼って逃れたが、相模国権現堂まで来たところで、宿泊した家の悪人に謀られ毒殺されたという。

そういう経緯によって、藤沢市と茨城県真壁町（現桜川市）の付近には小栗親子や名馬鬼鹿毛に関する遺跡や伝承が多い。

藤沢市の遊行寺《ゆぎょうじ》の名前で知られる清浄光寺には寺域内に小栗満重が祀られている長生院小栗堂があるが、この堂の裏には満重と照手姫（満重の子、助重の室）の墓や鬼鹿毛の墓標が建っているという。また、高座郡西俣野村（現藤沢市）には閻魔堂跡に小栗判官の墓が残っているだけでなく、小栗塚があったり、毒殺された判官が蘇生した所という土震《つちぶるい》塚が今も残されているという。

一方、茨城県では、真壁郡協和町（現築西市）の明治初年に廃寺になった太陽寺跡に小栗判官の九層の大きな石造供養塔が建てられているというし、太陽寺の旧住職の家には小栗満重の位牌、助重の守り本尊の弥陀八幡、照手姫の持仏の聖観音、鬼鹿毛の轡《くつわ》なども残されているそうだ。また、協和町字小栗の一向寺には助重の墓があるという。更に、茨城町の円福寺にある小栗堂には小栗判官と照手姫の木像が置かれていると聞く。

清浄光寺の寺域内にある長生院

資料・俳人「中野園東雲」について

先に鬼鹿毛様の小祠の一隅に芭蕉の句碑が建っていることを紹介したが、『新座市史』では、この碑は中野園東雲樹なる者が建立したもので、何故この地にあるかは不明だとしている。しかし、中野園東雲樹という人物は実在していないものの、幕末頃、現在の埼玉県南西部地域で俳諧の宗匠として令名を馳せた中野園東雲という人物が存在したことは確かで、建てるという意味の樹を俳号の一部として読んだことから間違いが生じたのだろう。

跡見学園女子大の少し手前の川越街道左側に宏壮な屋敷を構え、「中野の大尽」と今でも尊称されている資産家の細沼家に江戸後期に生を受けながらも、俳人として活躍した東雲（本名・忠兵衛か）だけに、尊敬する俳聖・芭蕉の句碑を自分の地元に建立したかったのだろう。

俳人としての東雲の活躍ぶりは、昭和五十八年三月に刊行された『所沢市史』近世史料Ⅱに収められている田中貞文書と新井家文書の中にその作品のごく一部を垣間見ることができるので再録しよう。

天保元年　草の葉の裏より暮てむしの声
〃　何処までも匂ひ残して菊かれる
安政三年　夢の間もほむる一重の桜かな
安政六年　知己の年毎殖る御慶哉
万延元年　焼田野はひと眼に青しきしの声
〃　頓てたく炭の中なりきりきりす
文久元年　百千鳥端山のけふり午刻も立
文久三年　しら魚や何を餌にして江都の花

なお、文久三年（一八六三）三月に普光明寺で催された「武州川越道中大和田町千躰地蔵尊燈扇聯句会」は、東雲が率いる中野園社中が催主として行ったもので、東雲自身も撰句だけでなく、自らも前掲の「しら魚や……」の一句を詠んでいる。

中野園東雲が嘉永５年（1852）10月に建立した。芭蕉の「花は賤の眼にもみえけり鬼薊」の句碑

⑦ 滝見の観音堂

新座市石神4−9−14　滝見観音堂

夜な夜な土中から怪しげな光を放った観音像

石神村（現西堀一丁目、二丁目）で宝永年間（一七〇四～一一）に起きたとされる事件を紹介しよう。宝永といえば、人命よりも犬をはじめとする動物の命を大事にした犬公方、五代将軍綱吉の治世の末期としてだけでなく、富士山が大噴火して宝永山が出来上がった時期として記憶される年号だ。

その頃、この村の清水という所に、夜な夜な怪しげな物が現れて光を放つことがあった。村人は正体が分からなかっただけに、狐か狸の悪戯かと恐れおののき、日暮れともなると人々は堅く門を閉ざして人の往来も全く途絶えてしまったほどだ。一時的な現象かと思いきや、なかなかこの怪奇現象が止まらなかったので、心配した村人たちは集まって相談した。その結果、このように原因不明の光が続くのは狐か狸の悪戯とも思えない。なにか理由があるに違いないと光の発生する場所を掘ってみると、果たせるかな銅製の観音像と鐸《たく》（大型の鈴）が発見された。鐸には滝山浄名寺の文字が刻されていた。

奇怪な思いに打たれた村人たちは直ちに四面の堂を造って、その中にこの銅像を安置するとともに、関係があるということで、黄檗《おうばく》宗の僧侶を招いて庵主と定めた。そのうえ、村内に建つ神社の別当職をこの庵主に兼帯させることにした。

ところが、この神社の別当職には以前から近隣のある古刹の僧侶がその任にあたっており、この新しい決定は、この古刹の住職の権限を奪うことになるということで、滝見観音側と古刹との間で訴訟となった。滝見観音側が堂宇を破壊されたことやこの本尊仏の出現の由来を詳し

東久留米市との市境近くにある滝見観音堂

く言上したところ、「滝見の観音は昔三体まで唐山から渡って来たと聞いている。そのうち二体だけは世に伝えられているのに、残る一体の所在が長らく不明だったから、今度出土した観音座像は恐らくその一体に違いない。大切な像なので当村で預かっておくように」と命ぜられたという話が長らく村人の間に伝えられてきた。

観音像が出土してからしばらく経ったある晩、仏像の発見場所の近くに立ち並んでいた民家四軒のうち、一軒から出火、たちまち焼け尽くすという事件が起きた。火元の主人は逃げてしまって行方不明のうえ、家にいた女の子たちも全員焼け死ぬという惨事だった。火災の報告を受けた代官は一家の不幸を憐れみ、死んだ子供たちの冥福を願って宅地の跡に堂を建立させ、そこにこの観音像を安置させただけでなく、僧を置いてこの堂を守らせたという。『新編武蔵国風土記稿』が編まれた文化・文政期（一八〇四～三〇）には引き続き、この渡来の観音像を本尊とする滝見の観音は村人の信仰を集めていたようだ。

観音堂は今では新しく建て替えられているので、昔の面影を窺う術もないが、滝見観音として相変わらず地元の人々の心の拠《よ》り所となっているようだ。

⑧ 紀貫之や在原業平にも詠まれた野寺の鐘

新座市野寺2－15－17　満行寺

悠久の年月を超え元禄頃に土中から発見される

新座市の南西隅に野寺という地区がある。この町名は、昔、十二天村（現道場二丁目）にあった頃、七堂伽藍が甍を連ね、鎮守社正八幡社をはじめ三十余座の末社と三百の僧坊を擁したほどの大寺だったという真言宗の古刹満行《まんぎょう》寺に由来する。古代の武蔵野の代表的な大寺として野寺と呼ばれるようになったらしいが、この寺は、古くから堀兼の井、霞ヶ関と共に歌人や好事家の間でもてはやされてきた。

　最初に歌に詠んだのは、三十六歌仙の一人でもある紀《きの》貫之《つらゆき》で、「はるばると思ひこそやれ武蔵野のほりかねの井に野寺あるてふ」とある。また、平安初期の歌人の中の第一人者と目されている在原業平《ありわらのなりひら》も「武蔵野の野寺の鐘の声きけば遠近《おちこち》人ぞ道急ぐらん」と詠んでいるほどに古代には有名な寺だったらしい。

『廻国雑記』（室町中期の即興詩歌集ないしは紀行文集）の著者として知られる聖護院門跡の道興准后も、こうした先人の和歌に刺激されてか、文明十九年（一四八七）に野寺を訪れている。しかし、いにしえの国の乱れによって土の底に埋まってしまったまま掘り出されていなかったので、この鐘に対面したいという道興の希望が叶えられることはなかった。そこで、「音にきく野寺をとへば跡ふりてこたふる鐘もなき夕かな」と失意の気持ちを歌に託している。

　ところが、道興が訪れたときにはなかった古鐘が、その後二百余年を経た多分元禄年間（一六八八～一七〇四）の頃に偶然掘り出された。その経緯は次のように天保十四年（一八四三）に刊行された『世事百談』という書物に記されている。

ある時、自然薯《じねんじょ》の蔓《つる》が生い出て素晴らしく大きなむかご（ヤマノイモの葉のつけ根に生じる珠芽）が出来ているのを村人が見つけ、「こんなむかごはついぞ見かけたことがない。この蔓の様子では薯も大きいぞ」と五、六人も集まって喜び勇んで掘ったところ、薯は思いのほか小さかった。「こんな馬鹿なことがあるものか、もっと掘ってみろ」となおも深く掘っていくと、錆びた古鐘が現れたのだそうだ。

村人は鐘を満行寺へ担ぎ込んで和尚に鑑定を乞うた。そこで、土を洗い落として仔細に点検すると、「野本寺《やほんじ》」の銘があった。「野本寺」は満行寺の旧号だったのだ。こうしたことから、村人たちは、この鐘を「いも鐘」と呼んだといわれている。

そもそも、この鐘は、満行寺が別当寺であった八幡社の社頭にあったものだが、昔、火災に遭った折、池の中に投げ入れておいたものが、後になって失われたとも、また盗人が鐘楼に入って鐘を盗み去ろうとしたのを村人に見咎められ、慌てて池の中へ投げ入れたものが後に失くなったのだともいわれている。

満行寺の山門と鐘楼。現在は、いも鐘でなく戦後鋳造のものがある

9 久米御前、片山に隠棲

新座市道場1-10-13　法台寺

一族の片山氏を頼って片山の地に隠棲したか

「時により過ぐれば民の嘆きなり八大竜王雨止みたまへ」。これは『金槐《きんかい》和歌集』に収められている鎌倉幕府第三代将軍源実朝が詠んだ歌だ。実朝は豪雨によって脅かされる民草の暮らしを心配する心優しい将軍で、武将や政治家というより歌人としてのイメージが強い人物であった。惜しむらくは将軍職に就いてから十六年後の承久元年（一二一九）正月二十七日夜、右大臣昇任の拝賀のため鶴岡八幡宮に参詣した際、恐らく北条義時に指嗾《しそう》されたものか、鶴岡八幡宮の別当の甥公暁《くぎょう》によって同宮の社頭で斬殺された。

実朝は元久元年（一二〇四）に後鳥羽上皇の母七条院の姪に当たる、権大納言坊門信清《ごんのだいなごんぼうもんのぶきよ》の息女を迎えて妻としたが、頼朝の挙兵以来、源氏の強力な支援者であり続けた千葉常胤《つねたね》の長女（幼名午也、後の久米御前）を側室としていた。

千葉常胤は頼朝の信任が厚かったこともあり、建久三年（一一九二）に実朝が誕生した際にも三浦義澄と共に産所の調度を進じたり、八月の誕生日には参上して馬や剣を献上している。

また、常胤の長男重胤は実朝の側近に仕え、雪見や花見、神社仏閣への参拝など常に将軍のお供をした。これは重胤の歌人としての才能を実朝が愛《め》でたからだといわれている。また、重胤の長男胤行も優れた歌人として聞こえた人物で、『新古今集』の撰者として有名な藤原定家の孫娘を娶っている。

ところで、実朝は先述したように、承久元年に暗殺されたが、その直後に側室の久米御前は六人の家臣と共に片山に逃れて庵を結んだ。しかし、実朝の横死が測りし

阿弥陀三尊を本尊とする一遍上人が開祖した法台寺の山門をくぐり右へ十数メートル歩くと久米御前の像と供養塔がある

れないほどの精神的な痛手だったらしく、実朝の死からわずか八か月後の九月十四日に逝去したと伝えられている。法名は広沢院殿宝台禅尼。

なお、片山の古刹法台寺は頼朝挙兵直後の治承四年（一一八〇）九月に建立されて、勅許により清浄殿と号していたが、文永三年（一二六六）仲秋に、わが国に来襲した元と高麗の連合軍を退散せしめたことで知られる執権北条時宗が、久米御前の菩提のために一遍上人を開祖として創建した寺とされているので、久米御前がこの寺を頼って退隠したとは考えにくい。亜細亜大学の小倉幸義氏の研究によれば、承久の変後に武蔵国片山から丹波国和智庄地頭に補任された片山氏は千葉氏の末だというから、久米御前は一族の片山氏を頼ってこの地に退隠したと考える方が自然だろう。

久米御前に随行して片山に隠棲した家臣は、並木、貫井、大塚、浅海、本多、田中の六姓で、並木氏は法台寺の南側の池田に近い所に観音堂を有し、貫井氏は法台寺の東の辻村、大塚氏は法台寺の北側の堀の内、あとの三氏も法台寺の近くにそれぞれ居を構えたという話だ。

⑩ 妙音沢での奇跡

新座市栄1－12－15

弁天様から琵琶の秘曲を伝授された検校

江戸時代の初期、寛文年間（一六六一～七三）の頃、十二天村（現道場二丁目）の鈴木家に盲目の子がいた。この子は幼い頃から琵琶《びわ》を上手に弾くので評判だったが、天和三年（一六八三）には＊検校《けんぎょう》職に進むほどの才能があった。

この検校は生まれつき信心深く、念仏を信じ、三万遍を唱えることを日課としていた。そして、近くにある浄土宗法台寺の中興開山観智国師（後に江戸増上寺の十二世になる）を常に崇敬し、二十年以上にわたって法台寺に参詣に行ってはその絵像を拝したり、弁財天を信じて祈念するなど、信仰心が厚かった。

検校は正徳二年（一七一二）六月十六日の夜、美人が夢枕に立つのを見た。夢の中で、その美人は「明日、市場坂下の大沢で琵琶の秘曲を伝授してあげよう」と検校に告げた。

翌朝、検校は半信半疑ながらも身を清めると、白装束を身にまとって、指定された場所へと出向いて行った。そして、その場所に到着すると、いっそう身と心を謹んで礼拝した後、一心に「南無阿弥陀仏」を唱え始めた。

四時間ほど念仏を唱えていると、午前十時頃になって、しきりに眠気を催すようになり、思わず一眠りしてしまった。すると、実になんとも言い表せないようなよい香りが辺りに漂ってきた。この妙なる香りにうっとりしかけた時、岩の上に弁天様が現れ、琵琶を奏でながらそこに座られた。

人間の到底及ばない神秘的な感じさえするその素晴らしい音色に思わず聞き惚れていると、弁天様は「お前が長い間、観智国師に祈願した、その気持ちを哀れに思って、ここにやって来て上げたのだ」とおっしゃる。そして、その後、正午頃までの二時間にわたって秘曲のすべてを伝授して下さったが、伝授がすべて終わると、弁天様はいずこともなく立ち去った…というところで夢が覚めた。

検校は、夢の中で体験したこの数時間の出来事が、ただただ有り難く感涙にむせびながら弁天様が座っておられた岩の辺りをしばらく拝んでいると、連れて来た従者がそこの大きな桜の木の枝にかかっていたといって、弁天様の絵像を持ってきてくれた。検校は度重なる奇跡に感慨ひとしおで、その絵像を大事に家に持ち帰り家宝にしたという。

＊注…盲人の最上級の官名

黒目川沿岸では最もモダンな吊り橋様式の市場坂橋よりやや上流、川の右岸に位置する妙音沢はかなり豊富な水がこんこんと湧出している

⑪ 小僧が淵のいわれ

新座市堀ノ内2丁目

哀れ、小僧さんは大蛇の餌食に

新座市内では黒目川沿岸の台地に縄文前期の遺跡が数多く見られる。右岸の池田遺跡、市場坂遺跡、左岸の嵯《さ》峨《が》山遺跡がその代表的なものと言えよう。特に嵯峨山遺跡からは市内最古の住居跡が一軒発見されたほどに古代人が住み易い場所であったに違いない。

この嵯峨山遺跡から程近い黒目川下流の地に小僧が淵という所があり、この地点からやや上流の場所に片山切っての古刹の法台寺がある。もしかするとまだ寺にはならないうちの修行道場の時期だったかもしれないが、そこに見た目が可愛らしいだけでなく、周囲の誰からの指示や言い付けであっても素直に受け入れるといった気立ての優しい小僧さんがいて、寺の和尚さんや檀家の誰からもこよなく愛されていたという。

ある年の四月八日（お釈迦さんの誕生日）に、法台寺では例年のようにお釈迦さんの誕生を祝う盛大な花祭りが行われた。庭に花御堂《はなみどう》を作り、甘酒を供える祭りには檀家だけでなく、近在近郷からも多くの善男善女が集まって賑わったようだ。

小僧さんは誕生仏に供える野の草花を摘もうと黒目川の河岸へと足を運んだ。河原にはお釈迦さんの誕生を祝うかのように、沢山の花々が妍《けん》を競って咲き乱れていた。小僧さんはお釈迦さんに喜んでもらえるように一輪でも多く供えることができたらと、夢中になって花を摘んで歩き回った。

気が付くと、お寺からかなり遠くまで来てしまったらしく、お寺の賑わいも聞こえて来ない状態になっていた。心配して辺りを見回すと、そこは嵯峨山の下の河原であることに気が付いた。そして、そこは昔から「嵯峨山の

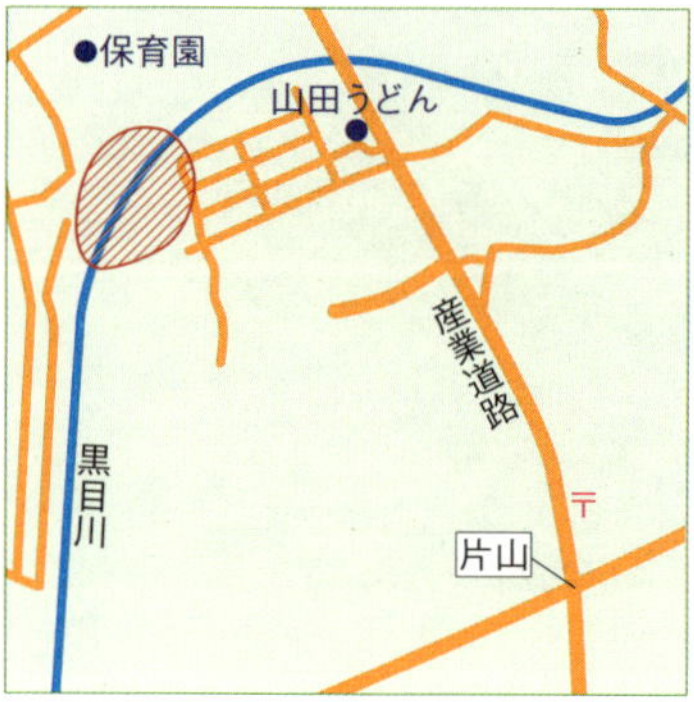

下へは絶対に遊びに行くな。あそこにはでっかい大蛇がいて、子供がそばに寄ると川の中へ引き摺《ず》り込んでしまうんだぞ」と大人が子供たちに口を酸っぱくして注意を繰り返していた場所であることを思い出した。

当時、黒目川の流れは嵯峨山に突き当たると、水の色も青黒く渦を巻く不気味な淵を作っていた。小僧さんも花を摘むのに夢中になってしまっていたので、村人の普段の注意をすっかり忘れて、この淵にやって来てしまったのだった。

小僧さんの姿が川面に映ると、付近一帯に妖気が立ち込め、眠気に誘われた小僧さんはやがて水中に吸い込まれてしまい、その姿が没した水面には大きな水の渦がゆっくりと流れて行ったという。和尚さんや村人は小僧さんが夕方になっても寺に戻らないので大騒ぎとなり、村人全員で捜索をしてみたが、どこにも見当たらなかった。しかし、村人の一人が小僧さんの草履が川岸に脱ぎ捨てられているのを発見。小僧さんが川の中に引き摺り込まれたことを悟った。

なかよし児童公園（新座市道場二丁目）から望む黒目川が曲がる辺りが「小僧が淵」だったという。写真上側には嵯峨山遺跡が広範囲にあって、現在も一部で発掘作業が行われている

和尚さんは小僧さんを不憫《ふびん》に思い、その冥福を祈って供養をしたそうだ。また、この小僧さんの失踪事件があって以後、誰言うとなく失踪した場所を「小僧が淵」と呼ぶようになったと伝えられている。それからしばらく経ったある日、子守りをしていた村の娘が小僧が淵に遊びに来ていたところ、娘がちょっと目を放した隙に子供が淵にのまれて死んでしまうという事件が起きた。娘は突然のことに驚くと同時に、子供を預かっている我が身の責任の重さを痛感するあまり、自分も小僧が淵に身を投げて死んでしまったといわれている。

⑫ 円光院の和尚と狸

狸は熱した石を投げつけられ 悲鳴を上げて逃げていった

志木市域編で毎晩のように寺にやって来ては長居をする狸《たぬき》を迷惑がっていた和尚によって熱した石を投げ付けられて焼死した「長勝院の和尚と狸」の話を紹介したが（本書二二ページ）、今度は新座市片山の馬場地区に伝わる似たような話を紹介することにしよう。

かつて片山村の旧原ケ谷戸地区の守り神だった駒形権現の跡地（現在、馬場二丁目の林屋酒店跡地）と道路を挟んで向かい側の住宅地付近に昔は円光院という小さな寺があった。この寺は馬場一丁目にある蓮光寺の下寺だったが、昔はこの円光院の付近一帯は雑木林と生い茂る草藪のいたって寂しい場所だったそうだ。

この寺にいたきんていさんという坊さんは、狸の度を越した度々のひどいいたずらに困惑していたので、いつかその狸めを懲らしめてやろうと機会を窺っていた。

新座市馬場3－4付近

ある木枯らしの吹く寒い晩、蓮光寺の小坊主と自称する小僧がこの寺を訪れた。きんていさんは、なんとなく挙動不審な様子の小坊主を見て、もしかしたらいつものいたずら狸が化けてきたのではないかと直感した。小坊主はきんていさんの疑念を払うかのように、「自分は和尚さんの使いでこの辺りまでやって来たので立ち寄ったんです」と言い、続けて「遅くなったので、おなかが減ってたまりません。なにか食べさせて下さい」と懇願する。きんていさんも気の毒に思い、囲炉裏に薪をくべて火を燃やし、温かいおじやを作ってやったり、芋を焼いたりして食べさせた。小坊主は温かいおじやを何杯もお替わりして食べたので腹はくちくなったし、体も芯まで温かくなったせ

山川橋のやや上流地点の北方（馬場３丁目４番）に所在したとされる円光院の跡地付近

いか、やがて囲炉裏の脇でこっくりこっくり居眠りを始めた。すると眠っているうちに化ける力が失せてきたのだろう。小坊主の着ていた着物の下から尻尾《しっぽ》が覗いて見えてくるに及んでとうとう化けの皮が剥がれてしまった。それどころか、そのうちに小坊主に扮した狸のいんのうが八畳敷きの大きさにまでどんどん広がっていった。そこで、きんていさんは、さっき囲炉裏で焼いておいた石ころを狸の八畳敷きのいんのう目掛けて放り投げた。狸は跳び上がって、「あちちー、あちちー」と悲鳴を上げながら雑木林の方へ逃げて行ったそうだ。その時の火傷のために狸は死んだらしく、その後、狸によるひどい悪さは全くなくなったという。

注…この付近に伝わる伝説では、円光院は蓮光寺の下寺とされているが、文化・文政期（一八〇四〜三〇）に編まれた『新編武蔵国風土記稿』には、円光院は東福寺（現畑中二丁目）の末寺と記されている。蓮光寺と東福寺はいずれも練馬区石神井にある真言宗の三宝寺の末寺だ。もしかすると、円光院は、この伝説が成立した頃は蓮光寺の下寺だったものが、なんらかの事情により江戸中期頃から東福寺の下寺に転属したのかもしれない。

⑬ お化け田んぼ

新座市馬場2−12　荒沢不動堂付近

所有地への執着心募り、化け物になり他人の使用を妨害

県道保谷・志木線を榎木《えのき》の交差点を背にして保谷方面に向かい、バス停「原ヶ谷戸」の停留所の手前の「畑中公民館交差点」を左に曲がると間もなく右側に商売の神様として近隣住民に親しまれている荒沢不動がある、その付近にあるのが「お化け田んぼ」の舞台だ。

昔、荒沢不動の近くにゼントウイン（禅宗の寺だったようだ）と養福寺の二寺があった。ある時、その二寺の間に原因は不明ながら、紛争が起こり訴訟沙汰になったことがあり、ゼントウインの敗北ということに裁決が下った。しかし、当時は神職や僧職にあったものは政治に関与してはならぬという掟《おきて》があったので、裁判の敗者であるゼントウインはもちろんのこと、勝者の養福寺も共に所払い（居住地からの追放）の処分を受けた。その結果、ゼントウインは清瀬の方へ、養福寺は北東に移って現在の東福寺のもとになった。

喧嘩両成敗の形のように見えても、遠方に追いやられたゼントウインの方が重い処分を受けたことは明らかだ。ゼントウインの坊さんはそれが悔しくてたまらず、七日の間、護摩を焚《た》いて祈祷をした。これは手の平に灯心を置き、それに火をつけて一心に祈りを込めるといったやり方だが、さらにこの祈りを込めた護摩の灰を寺の建っている土地の四隅に振り撒《ま》いたという。

ところで、ゼントウインの跡地は護摩を焚いた場所、つまり火に関係した場所だけに燃えるような物を建てたり置くことはまずいが、水で潤した田んぼにするなら問題あるまいということで田んぼにした。この田んぼには

大正中期頃までは白いレンゲがよく咲いたそうだ。しかし、その田んぼには、夕方になると、青色をした大入道がよく現れることから、お化け田んぼと呼ばれるようになり、レンゲを採りに行く人はいなかったという。

太平洋戦争中、食糧難のため、そこでの耕作は止めたほうが良いとの忠告を無視して、このお化け田んぼで米を作った人がいたが、精神に異常をきたしたことがあったそうだ。その後、この田んぼを手に入れた人は祈祷師に拝んでもらってから耕作したという。更にその後、この田んぼを購入した保谷の方の人が他人に売ろうとしたが、買い主がこの田んぼの妙な噂《うわさ》を聞き付け、すべて破談になってしまったそうだ。

なお、同じく所払いになった養福寺は荒沢不動のかつての奥の院だったといわれる現在地に、三百年以上も前に移って東福寺と名を改めたといわれている。

養福寺が所払いになってからかなりの年数が経ったある日のこと、馬持ちの人が馬の背に荷物を載せ付近を通りかかった時、なぜか急に馬の足が止まり、全く動けなくなってしまった。村人たちは、ここが元養福寺の土地だったから馬に祟《たた》ったのだろうと噂しあったという。

今もある荒沢不動堂。この周辺にお化け田んぼが広がっていたのだろうか

【和光市域編】

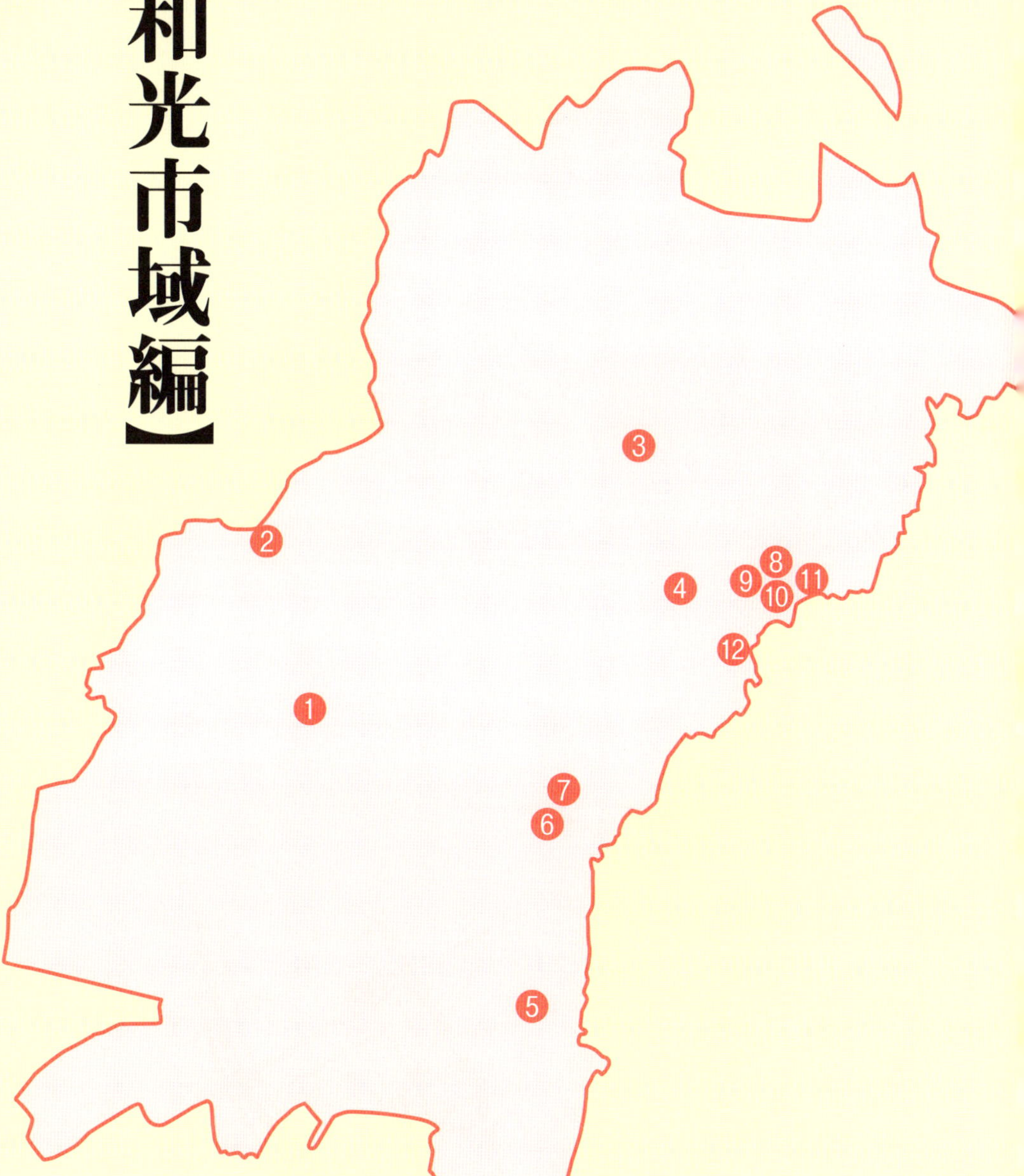

① 聖護院門跡道興准后、新倉を訪れる

和光市本町13−13　稲荷社

「むさしのの…」で始まる和歌は道興の作かそれとも後世の偽作か？

道興准后は、今から五三一年前の文明十八年（一四八六）から翌年にかけての約一年間、東国各地を巡遊した。当時、本山派修験の総帥の立場にあった道興は、行く先々で和歌や漢詩を作ったことで知られる人物。それらの作品は、江戸後期に塙保己一によって編まれた『群書類従』に収められている『廻国雑記』に見ることができる。

道興は関白近衛房嗣の次男で、早くから仏道に精進した末、天台宗の顕密両教に通暁するようになって、ついには聖護院門跡第二十四世に昇りつめた人物。皇后・皇太后・太皇太后の三后に準ずるという意味の準三后を略した准后の尊称を受けた。

道興准后がなぜ東国にやって来たかについては、数年前にやっと終わった応仁の乱によって疲弊した御所の復興資金の勧化のためとか、足利将軍家の意を受けて東国大名の動向を探るためとか、当時、台頭してきた真言宗系の当山派修験を抑えるためとかさまざまに言われているが、いずれの説も定説までには至っていないようだ。

道興は東国在留中、太田道灌をはじめとした各地の有力武将とも交流を重ねているが、特に本山派修験の年行事職を務めたほどの有力修験、十玉坊（現志木市幸町）を根拠地として近隣の柏ノ城（現志木市柏町に所在）には頻繁に足を運び、城主の大石信濃守と漢詩や和歌を作り合ったりして度々交歓している。

また、先述の十玉坊を拠点として近傍の野火止、野寺、膝折、浜崎にも足を伸ばし和歌を詠んでいる。この四か所と新座を詠んだ五首の和歌の石碑が和光郵便局の隣の

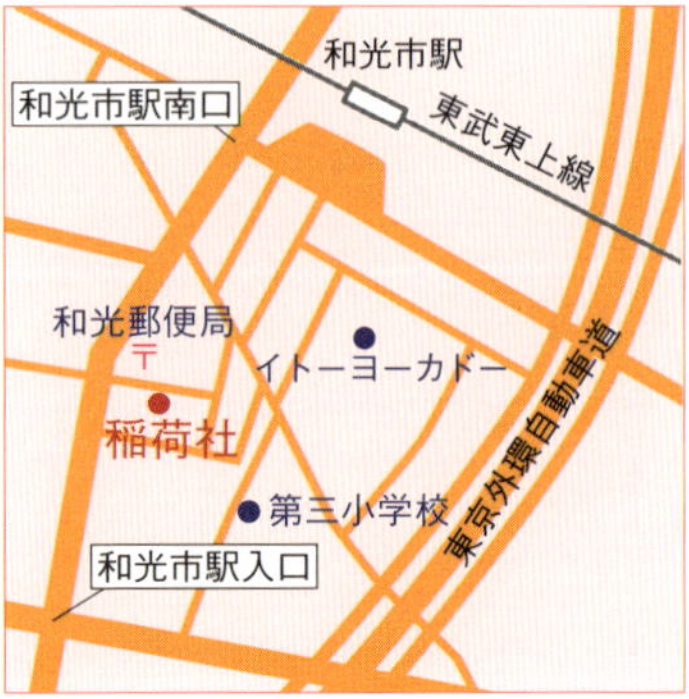

小さな稲荷社に無造作に立て掛けられている。新座と刻まれているが、現在の新座市ではなく、「にいくら」、つまり現在の和光市の新倉の意味だ。要するにこの歌碑は道興が新倉をも訪れたことを前提に建立されているのだ。しかし、『廻国雑記』にはこの事実は一切記されてはいない。とすれば、道興の新倉訪問は伝説ということになろうか。

和光郵便局の隣地に立つ道興准后御詠の歌碑

　ちなみに、道興が新倉を詠んだ歌は、「むさしのの広沢にいづる月と日をあはせ鏡や二かけの松」だ。

　ところで、この道興が詠んだとされる五首の和歌を刻んだ碑が建てられたのは文化六年（一八〇九）三月、建立したのは鈴木家六代目の松蔭だ。この人は当時としては鄙《ひな》には希《まれ》な文化人で、庭内に建てた朮《うけら》庵という茶室は太田蜀山人や狂歌師の北川真顔など多くの江戸の文人墨客が絶えず出入りしていた文化サロンだったらしい。

　松蔭はこのような文化人だっただけに、道興准后が武蔵野を巡遊した際に恐らく新倉にも立ち寄ったに違いないと思って歌碑を建てたのではなかろうか。歌碑を刻んだ石工は宮戸（現朝霞市宮戸）住の高松利寿。なお、鈴木家の祖は、中世には三保谷郷（現比企郡川島町）の地頭だった可能性もある名家で、江戸時代に広沢の地に来住して、付近の、後に原新田と呼ばれた地区を開発したと伝えられている。

② 強清水

和光市新倉1−7−41

息子の汲んできたただの水がおいしい酒に変身

ただの水が酒に変わるという伝説が「強清水《こわしみず》」とか「清水様」という名称で各地に分布している（両者がセットになっていることもあるようだ）。中でも有名なのが美濃の「養老の滝」伝説だが、県内では皆野町の字強清水に「親は飲んべで子は清水」、吉田町にも「親は酒、子は清水」の話が伝えられている。なお、強清水は「子は清水」と表記されることが多い。これは「親にとっては酒だが、子にはただの清水だ」というフレーズを略したものらしく思われるので、「子は清水」という表現が先に誕生した後に、「強清水」の文字を充てるようになったのではなかろうか。

和光市新倉では、越戸川上流に強清水、午王《ごぼう》山の北側には清水様の伝説がそれぞれ残っている。

昔、越戸川上流の辺りに一軒の貧しい農家があった。その付近一帯は雑木林で人里離れた寂しい里だったそうな。その農家では年老いた父親と二十歳ぐらいの息子の二人だけが細々とした生活を送っていたという。老いたる父親は病気のため寝たり起きたりの暮らしで、息子が食事の世話はもちろん、まだ夜の帳《とばり》が上がり切らぬ早朝から星が空にまたたき始める夕刻まで懸命に働いて一家の生活を支えていた。

ある年の夏の日のこと。その日は朝から地上の草木も萎《しお》れ切るほどの格別の暑さだった。しかし、息子は生活のためにはどんなに暑かろうと働かなくてはならないので、いつものように薪を取りに裏山に登っていった。薪を背中いっぱいに背負って下山しかけた時、近くから清水がこんこんと湧く音が聞こえてきた。その音に惹かれ

て音のする場所に行ってみると、山の窪地《くぼち》から手も切れるような冷たい清水が湧き出ているではないか。早速飲んでみると、たいそう冷たい水で体温が一気に下がったような感じがして、朝からの厳しい暑さを一瞬忘れてしまうような心地がした。この冷たい水を病気と暑さで弱っている父親に飲ませれば、いくらかでも元気になってもらえるかもしれないと、作業中に喉の乾きを癒やすために腰に下げてきた水筒代わりの竹筒に冷たい湧き水を汲み入れて帰宅。早速、父親に飲ませたところ、なんと、ただの普通の水が父親の大好きな酒に変わっていた。父親は貧乏なために長い間ありつけなかった酒を久し振りにたっぷり飲むことができたので、喜びはひとしおだった。息子も思いがけなくできた親孝行に心から満足し、それからは毎日、山に出掛けては、その水を汲み取って父親に与えて喜ばせたそうだ。

ちなみに、かつては午王山の中腹の北側の杉の根元から清水が湧き出ていたそうだ。これを地元では清水様と呼んでいたというが、ここの水で目を濡らすと目の病気が治るとの評判が高かったので、村の子供たちが竹筒に清水を入れて売りに出たと伝えられている。

県立和光高校正門付近から見た午王山。保存会の石川会長によると「かつては山の北側斜面から清水様と呼ばれた清水が湧き、サワガニもいた」という

③ 渡来人の里、新倉と白子

和光市新倉3−11　午王山

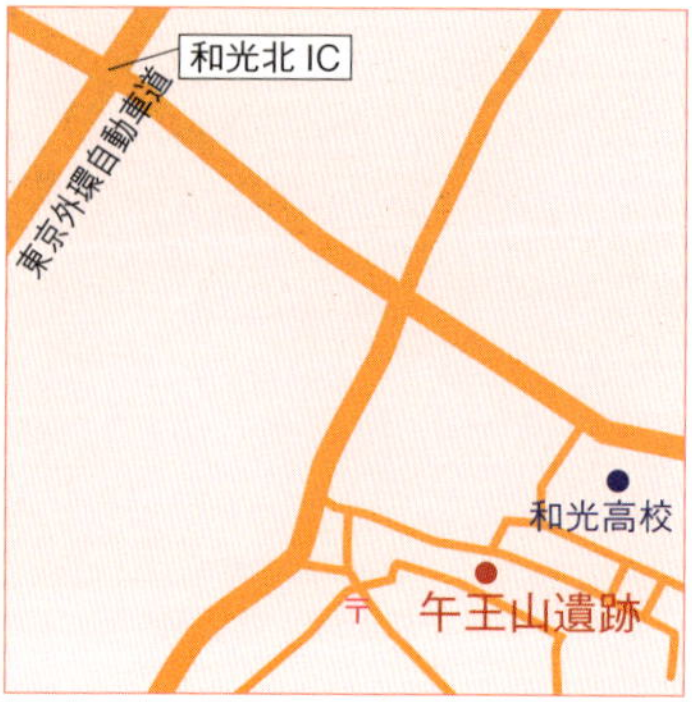

新羅系渡来人を入植させ新羅郡を新設

平成二十八年、朝鮮半島北部からの渡来人を集住させた旧「高麗郡」が誕生してから一三〇〇年目を迎えた。これを記念した式典が、日本と韓国の関係者約二五〇〇名の参加を得て、五月二十一日に日高市の文化体育館「ひだかアリーナ」で盛大に挙行された。四十年後には新座・志木・朝霞・和光四市の地に新羅系渡来人が入植してから一三〇〇年になる。

そこで、本稿では新羅系渡来人のこの地への入植について、官撰の史書『続日本紀』に記されている史実以外の伝説的な話をまとめてみた。

①昔、新羅の王子が京から下向して現在の和光市新倉の午王《ごぼう》山の上のわずかな平地に居住したという。②この山の周辺に住む山田・上原・大熊などを氏とする農民は、古い家で、彼等の祖先は京都から新羅王に従って来たのだという。③上之郷にはクデンという屋号を持つ富岡家がある。外環道造成のために解体されるまでは農家としては関東では最大規模を誇っていた。この家の辺りは、昔、午王山にいた新羅王が馬の調練場として使っていた場所とされ、後に駒形神社が祀られた地点には大きな椋の木があって、新羅王はそこに馬を繋いでいたと伝えられている。④寛治年中（一〇八七～九四）、後三年の役に源義家は朝廷の命を受け、奥州征伐に赴いたが、清原家衡等の頑強な抵抗に遭って苦戦を強いられているという情報が京都にも聞こえて来た。その報を耳にした弟の新羅三郎義光は兄を助けに行こうと左兵衛尉の職を捨てて奥州に向かう途中、下新倉に足を駐め正覚院に宿泊した。その時に、頼義、義家等源氏一族から厚い尊信を受けていた八幡大神を

祀《まつ》って凶賊追討を祈願した。その後、嘉保二年（一〇九五）になって僧祐寛は八幡社を修理した際、義光が詠んだ歌「みちのくのむさしのくさもなびくなり　つきしろたへのふえのねじめに」を発見している。これは義光が正覚院に宿泊した晩が中秋の名月の夜で、義光は月影を望みながら兄義家の戦勝を祈って高らかに笙《しょう》を吹き上げた際に詠んだ歌とされている。吹上の地名の由来だ。なお、義光は新羅からの渡来神、新羅明神の社頭で元服をしたので新羅《しんら》三郎を名乗ったと伝えられている。⑤豊臣秀吉は念願の天下統一を果たすと、今度は明国への侵略を企図し、まず朝鮮半島に兵を進めたが、秀吉の急死によって、渡海していた諸大名も一斉に引き揚げることになった。戦闘中に現地で日本軍を先導した現地の協力者が日本兵帰国後に現地民から迫害されやしないかと心配した武将が連れて帰って当市の牛房の辺りに住み着かせたという。この地には出雲に来る前に新羅国のソシモリにいたとされる牛頭天王（スサノオノミコト）を祭神とする八雲神社が祀られているので、日本に避難させるには最適な場所と考えられたからに違いない。

京から下って来た「新羅王子」が住んだと伝えられる標高25メートルの独立丘。日当たりも良く、豊富な湧き水が近くに得られた午王山だ。案内板を指しているのは著者

④ 妙典寺の子安の池と楊子柳

和光市下新倉4―13―60　妙典寺

日蓮上人、瀕死の産婦の命を救う

　文応元年（一二六〇）七月に『立正安国論』を著して、鎌倉幕府に忌避され伊豆に流された日蓮上人。一旦許されたものの、再び「安国論御勘由来《あんこくろんごかんゆらい》」を書いて幕府の要人に送るなどしたために相州竜ノ口（現藤沢市）で斬首されそうになったが、首切り役人の刀が折れたため、九死に一生を得、佐渡へ遠流《おんる》となった。そして一時預けられていた相州《そうしゅう》依智《えち》の郷から佐渡へ赴く途中、久米川宿から武州川口へ向かう経路を取った。

　当時、川口の地頭を務めていた新倉領主墨田《すだ》五郎時光は、日蓮上人護送の役を命じられ、武州池袋村まで出迎えた。その時光のなんとなく心配そうな様子を見て、日蓮は彼がなにか大きな悩み事を抱えているに違いないと察した。時光に尋ねて見ると、初めは遠慮していた時光も、やがて意を決した様子で、彼の妻が三日越しの難産で体力を消耗し、もう死ぬのを待つばかりの危険な状態であると告白した。

　これを聞いた日蓮は、川口に直行するはずのコースを迂回して新倉に寄ることに決め、時光の居館にやって来た。館に入るや、日蓮は急いで庭にある若い元気な柳を見つけると、その枝を一枝折って先端をつぶし、これを筆代わりにして、庭の池の清水につけて懐紙に安産祈祷の護符を書きしたためた。そして、この護符と池の清水を汲んで産婦の部屋に行き、産婦のお腹にその護符を当て、口に水を注いでやった。その効験を確かめる余裕もなく、慌ただしく日蓮は引立てられて行ったが、浦和の調《つき》神社で休息中に、早馬で無事男児出産の報が届いた。その時に生まれた赤ん坊こそが、後に日蓮の弟子の中でも屈指の名僧といわれた日堅その人である。

妙典寺の子安堂の右側奥にある史跡「子安の池」。安産祈願のため同寺に訪れる人も多い

その後、時光は日蓮に帰依してその名を日徳と改め、館を寺に作り替えて日蓮に寄進した。さらに、この寺が佐渡に在留中の日蓮から妙典寺という寺号をもらったのをきっかけに僧籍に入り、日蓮の像を自分の手で彫り上げて朝夕これにお仕えした。のちに、日蓮は自らこの像を開眼《かいげん》して子安日蓮大菩薩と名付けると共に、難産に苦しむ世人のために安産の護符を定めた。日蓮が加持をした際に筆代わりに使った柳の楊子を、池の側の地面に挿したままほうっておいたところ、それから芽が出て成木になり、やがて樹齢八百年を超える大樹に成長したという。元の木は枯れて今はない。

墨田時光は、長光山妙典寺のほかに、長誓山妙顕寺と長富山妙蓮寺の二寺をも地元に創建したので、当初、この三つの寺は三長三妙と総称されていたようだが、妙顕寺は至徳元年（一三八四）に戸田の新曽《にいぞ》に移転、江戸末期には妙蓮寺も廃寺になったので、明治以降は妙典寺だけが孤塁を守っている。

⑤ 朝鮮侵攻の帰途、連れ帰った現地人を白子へ

和光市白子2－4　八雲神社付近

日本軍に協力した現地人が日本軍撤退後、迫害されることを心配して

東京と埼玉を境する白子川には幾つも橋が架かっているが、川越街道が渡河する東埼橋を上流に遡って三つ目の橋が小源治橋だ。地元の富豪富沢小源治が地元住民の便を図って幕末に自費で架設したとされるこの橋を渡って笹目通りに向かう坂道が天王様の坂だ。坂の途中右側、百何段もの石段を登り切った頂上にスサノオノミコトの別名である牛頭《ごず》天王を祀《まつ》る八雲神社が鎮座している。この辺りを牛房というのも牛頭天王という神様の居場所ということに由来していると思われる。

日本の神話によると、天つ神（新しく日本の国土に降来した神）の中で出雲に天降ったのはスサノオノミコトとされているが、『日本書紀』は、この神様が出雲に来る前に新羅国のソシモリにいたと記している。つまりは牛頭天王と称されるスサノオノミコトは朝鮮半島にいた神様なのだ。

実は十五、六年前に八雲神社について何か地元の歴史を知る手掛かりが得られればと、神社の社殿の周りをうろついていた時、七、八十歳と思しき老人から声を掛けられた。自分は十数年前に東京から転居してきたが、昔、豊臣秀吉が朝鮮への侵略戦争を試みたものの、思ったほどの成果を得られないうちに自身の病死で全軍が帰国のやむなきに至った時、日本軍を先導するなどの協力をした現地人が日本軍の帰国後、迫害されては可哀相だと日本に連れ帰り、新羅と昔から縁の深いこの辺りに住まわせたと聞いているが、貴方もそういう話を知っているかというお訊ねだった。

初めて聞く話でびっくりしたが、当時、秀吉の周囲に

いたかもしれない古代史、特に朝鮮半島との関係について深い知識を持ち合わせていた人材からの進言があって、朝鮮戦争中の現地の協力者を日本国内の朝鮮半島所縁の地に匿《かくま》った可能性があるのかもしれない、だとすれば、私が八雲神社でお会いした老人が出《で》鱈目《たらめ》を言ったのではなく、土地に伝わっていた伝承を誰からか聞かされていたことによる発言だったのかもしれないと思った。

八雲神社の社殿。祭神は出雲に天降る前、新羅国ソシモリにいたとされるスサノオノミコト

朝鮮半島から連行された現地民が仮に和光市域に移住させられたとしても、わずかの人数ではなかろう。十人以上であれば、なんらかの文化的な痕跡をその地に残していったように思われる。陶芸品や縫製品、あるいは朝鮮装束の名残のようなものがないかについても調査して見る必要があろう。

注…全国統一の過程で東アジア征服の野望に駆られた豊臣秀吉は、天正二十年（一五九二）三月、十六万の兵を動員して朝鮮への渡海を命じた。緒戦は破竹の勢いで進軍した日本側に有利に展開したが、翌年二月に朝鮮軍に大敗してから、日本軍は徐々に劣勢に立たされて行く。天正二十一年、偽りの講和によってしばらく戦闘は休止するが、慶長二年（一五九七）に再び日本軍が朝鮮に侵入すると、今度は朝鮮軍と明軍の反撃を受けて敗北が決定的になったうえ、秀吉が翌三年八月、死去するに及び、ついに撤退を始め十一月には終了。現地での石田三成ら朝鮮奉行と加藤清正らの武将との間に生じた軋轢《あつれき》が豊臣政権の崩壊を促進したことは否めないところで、そのキッカケを作ったのは皮肉にも秀吉自身だったと言えよう。

6 熊野神社の池から家出した雌の竜

和光市白子2−15−50 熊野神社

ここで取り上げることにした雌の竜の家出事件は、白子の宿の中央に位置する熊野神社の池に棲《す》んでいたという竜に関わる話で、川越屋にも関連している。

昔、白子宿の熊野神社の池に夫婦の竜が棲んでいた。ところが、ある日、ささいなことが原因で、ふだん仲の良かったこの夫婦は大喧《げん》嘩《か》をやり、揚げ句の果てに雌の竜は池を出てしまった。

美しく若い女に化けた雌竜は、家出はしたものの、どこへ行ったものやら思案にくれながら、とりあえず神社の前の川越街道に出てみた。すると、客待ち顔の馬子が街道の脇に立っていたので、とっさに、以前、名前を聞いたことがある石神井の三宝寺池を思い出し、そこまで馬に乗せていってくれるように頼んだ。

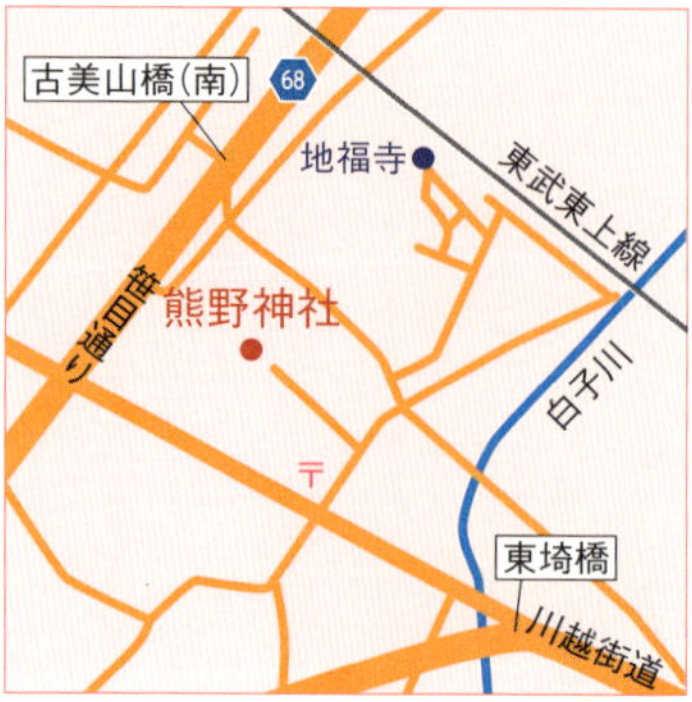

竜からもらった駄賃が鱗三枚には 馬子もびっくり

三代将軍徳川家光が、敬慕してやまない祖父家康を祭神とする仙波東照宮に参詣するために江戸初期に整備された川越道中（明治以降は川越街道と呼ぶ）は、道幅も四、五間と広く、江戸時代には五街道に準ずる扱いを受けていた。

板橋平尾宿で中山道から分岐するこの街道には、川越に達するまでに上板橋、下練馬、白子、膝折、大和田、大井の六宿駅が置かれていた。その中でも、上、中、下の三宿にそれぞれ柴崎、富沢、新坂の三家が務める本陣が置かれていた白子宿は、亀屋、幾世屋、沢野屋、川越屋等の庶民を対象とする旅籠が軒を並べ、最も栄えていたようだ。だから、小林一茶、釈敬順、斎藤幸孝、エドワード・モース、田山花袋といった多くの文化人がこの地に足跡を残しているのだ。

約千年前に鎮座したともいわれている熊野神社の社殿の裏には静かな池が今でもある

馬子は「池までいってくれ」というこの若い女の依頼を不審に思わないでもなかったが、朝から一人も客にありつけていなかったこととて、喜んで石神井に向かって馬を引っ張っていった。三宝寺池の近くまで来ると、もうここでいいからと言われ、娘を下ろした馬子は、駄賃としてお金の入っているらしいおひねりをもらって、白子に戻ろうとした、その時である。娘の向かった池の辺りで、何かが跳び込むような大きな物音を耳にした。

馬子が池の方を思わず振り返って見ると、大きな蛇のような動物が池から首をちょっと出しているではないか。馬子はびっくり仰天、無我夢中で白子までたどりつき、やっと胸を撫《な》で下ろした。幾らか気持ちの落ち着いたところで、さっき三宝寺池のそばでもらったおひねりを開けてみると、中に入っていたのはお金ではなく、大きな鱗《うろこ》三枚だけだった。

「川越屋」という屋号を持ったこの馬子の家は、雌竜を馬に乗せたことが祟《たた》ってか、その後、この家に生まれた子は、男の子優先の時代なのに女の子ばかりだったと伝えられている。

⑦ 枕返し地蔵

和光市白子2−18−1　地福寺

生き返った法師、持仏の地蔵に感謝して寺を創建

昔、一条天皇の御代（九八六〜一〇一一）にあたる永延年間（九八七〜八九）のある日、尊恵《そんね》という名の法師が西国からはるばる東国に巡錫《じゅんしゃく》して成増から白子の村を通り河越（現川越）に行こうとした時のこと。尊恵は長旅の行脚に疲れて病に罹り、もう一歩も歩けなくなってしまった。急病になった時のためにと、かねて印籠の中に入れておいた気付け薬を服用しても一向に効果が現れず、死を待つばかりの瀕死の状態となってしまった。法師もこれでは巡錫を続けるどころか命をとどめることすら無理と悟ったが、不図《ふと》なにげなしに懐中を探ってみると、なんとそれまでは気付くことのなかった小指よりも小さい一体の地蔵尊が懐中奥深くにあるではないか。これこそが尊恵法師の守護仏だったのだ。しかし、気が付くことが遅きに失していたため、法師は守護仏であるはずの地蔵尊に救いの手を差し延べられることもなく、息が絶えてしまったという。

目的を果たさずに、一人寂しく巡錫の途中、異郷で死んでいった法師の心根を哀れに思った村人たちは屍を棺に納めて今や土中に葬ろうとしたその時に、忽然として棺の中から人声が聞こえてきた。人々は驚いて棺の蓋を開けてみると、法師は生き返っていて、懐中から地蔵尊を取り出して言うには、「私は冥土においてこの地蔵様とまったく同じ地蔵尊に出会い、拝顔した瞬間に目が醒めました。そういう訳で、私はこの白子の地に駐《とど》まり、持仏をご本尊として仕えます」と言ってお堂を建てたのがこの地福寺であり、懐中に携えてきた地蔵の尊像を本尊としたという。

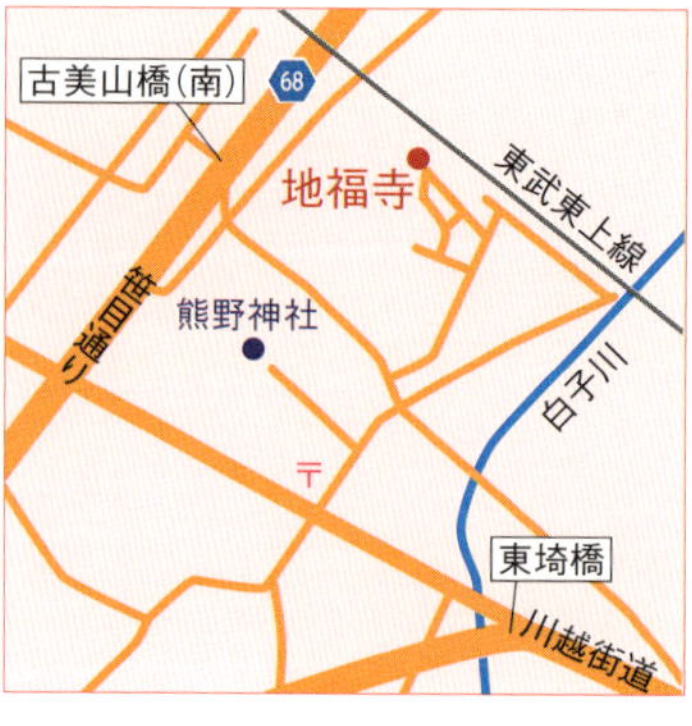

微妙に違うもう一つの話がある。永延年中のこと、天台宗の高僧尊恵が比企郡平村（現ときがわ町）の慈光寺の名僧忠尋に会うために川越街道を白子宿までやって来た時、急病で倒れ、三日たっても意識が回復しなかった。でも、体温があるので、村人たちは看病を続けたところ、やがて白衣の童子を従えた地蔵菩薩が現れ、村人に対して、「汝ら驚くことなかれ。尊恵は明朝蘇生すべし」と告げて姿を消した。村人が尊恵を見ると、不思議にも北枕を翻して西頭南面し、地蔵菩薩の像を手にして蘇生していた。尊恵法師が北枕を翻して生き返ったところから寺の本尊地蔵菩薩を「枕返し地蔵」といって江戸中期頃まで近在や江戸の人々から信仰を得ていたといわれている。

　この奇跡があって以後、尊恵は地蔵菩薩を尊信すること熱心で、ついに地福寺を創建したという。

地福寺の本堂内にある延命地蔵。一寸ほどの「枕返し地蔵」はその胎内仏として今でも胎内に納められているという

8 甲州武田氏の家臣だった柳下家

和光市白子3－12－2

地元では今なお「治太夫様」として畏敬されている一族の総本家

埼玉県南西部には甲州武田氏の家臣の末裔といわれる旧家が三家ある。和光市下新倉の柳下《やぎした》、富士見市鶴馬の横田、練馬区大泉（明治二十四年まで大泉地区は埼玉県に属していた）の加藤がそれで、三家共に中世末期ないし近世初期に甲州から前記三地区に来住以後、着実に周辺に一族を分出して、それぞれの地区で大きな勢力を築き上げてきた。

江戸中期頃に刷り出されたという「武田家性名録」には信玄・勝頼・信勝三代の時期に武田家の家臣として活躍した上級武士四六〇人の名が収録されている。中でも柳下の旧称原を名乗る家臣としては原隼人佐昌勝、原美濃守虎胤、原加賀守昌俊、原能登守友胤、原與左衛門、原大隅守が挙げられている。

下新倉に土着した柳下一族の鼻祖は俗名を規道、戒名を松葉軒規叟道圓居士といい、武田信玄に仕えて知行五百貫を賜った旗本侍大将の原隼人信房の子として永禄三年（一五六〇）一月に生まれ、寛永六年（一六二九）六月に死んだとされている。

信玄の子勝頼に仕えていた規道は、二十七歳の時、天正十年（一五八二）三月十一日に織田信長の軍と干戈《かんか》を交えたが、甲州天目山下の田野の里（現甲州市田野）での戦いに敗れた。この戦いで勝頼とその息子の信勝が自刃、家臣もことごとく戦死ないしは脱走あるいは降伏したため、さしもの守護大名家武田家も崩壊してしまった。

規道は妻の祖父長坂長閑と諮《はか》って残党を集め主家の再興を策したが巧《うま》くいかず、流浪の末、武田家所縁の地、武蔵国新座郡の下新倉の地に天正十年九月に潜伏、定住することになったらしい。なぜ旧称原を柳下と改姓したかについては正確なことは不明ながら、一説には原隼人信房の先祖が柳冠者源宗豊に仕えたという記録があることから、その辺りに由来するのではとも言われている。

規道は遠く故郷を離れてからも主家の旧恩に報いようと、武田家が代々最も崇敬していた富士吉田の浅間大社を信仰すること厚く、参詣するために現地を訪れることも頻繁だった。そしてついに慶長十九年（一六一四）には二十一回登拝の大願を成し遂げ、浅間神社に額を奉納すると共に下新倉の地に擬岳富士（昭和四十年代半ば頃に破壊されたので現存しない）を築いて、その場所の地名を富士塚とし、その付近の窪地一帯を浅久保と呼称することにしたという。その後、元和三年（一六一七）には住地の一部を分割し、新たに松葉軒の一庵を建て、僧を置いて仏を信仰したが、元和四年二月に鎌倉建長寺から寒松禅師を招いて逆修の法要を営んだと伝えられている。その時に規道が詠じたとされる漢詩が彼の墓石に次のように刻まれている。「衆善奉行偕老躬、七分今己得全巧、春風二月法華会、千里鶯啼緑映紅」

ところで、応徳三年（一〇八六）冬、清原武衡の反乱によって始まった後三年の役で、兄源義家が東北地方に苦戦しているとの報に接した新羅三郎源義光が兄の救援に向かう途中、下新倉に立ち寄って兄の戦捷祈念のため高らかに笙《しょう》を吹き上げたという伝説は、義光を始祖とする武田氏とその家臣であった柳下氏との関係を誇示するため作られたものと言えないだろうか。

下新倉（東本村）の松葉軒墓地に並ぶ柳下規道夫妻の墓石。規道（右）の墓石には辞世の漢詩、緑（ろく）夫人（左）の墓石には辞世の俳句が刻まれている

9 源義光と吹上

義光、奥州の兄義家に届けとばかりに笙を吹き上げる

和光市白子3丁目付近

平安中期、寛治年中（一〇八七～九四）の後三年の役の際に、朝廷の命を受け奥州征伐に赴いた源義家は現地で苦戦を余儀なくされたが、やがてこの状況は京都にも聞こえてきた。義家の弟、義光は兄を救援しようと奥州に向かう途中、下新倉に立ち寄り正覚院（後の青覚院か）に休泊した。滞在中、義光は日頃帰依している源氏ゆかりの八幡大神を祀《まつ》って奥州の兇賊《きょうぞく》の追討を祈願したという。その際、義光は兄の必勝を祈り、後世の文人たちから特に秋の月が絶賛されたほどの景勝の地、吹上の丘で笙《しょう》を高らかに吹き上げたことによって、義家は苦戦を乗り越え最終的に勝利を得たという。なお、この時、義光は「みちのくのむさしの草もなびくなり　月白たへの笛のねじめに」と詠じたという。

義光が兄の勝利祈願のためにこの地に祀った八幡大神が嘉保二年（一〇九五）に創建された八幡神社の基になったとも、また、義光が高らかに笙を吹き上げたことから吹上の地名がこの地に誕生したとも説かれている。

この伝説がいつ頃に創案されたかについては不明だが、文明十八年（一四八六）から十九年にかけて東国各地を歴訪して、その訪問地に伝わる伝説や地名の由来をもその紀行文集・即興詩歌集『廻国雑記』の中で詳説している道興准后が少しも触れていないことから、この伝説の発生はそれ以後、中世後期から江戸初期のことと考えられる。

この伝説の最大の狙いは、新羅三郎を名乗っていたこの伝説の主人公・義光が兄の戦捷を願って源氏所縁の八

幡神社を新倉の地に勧請したと説明することによって、義光と新倉とを深く関連づけたことだろう。新倉は天平宝字二年（七五八）に新羅系渡来者のために新設された新羅郡の羅の文字が座に変化して新座郡となり、その座がクラと同じに発音することから倉へと変化した地名で、新羅イコール新倉と考えられるからだ。

ところで、下新倉地区では主だった一族だけでも十三家を数える柳下一族の総本家が、今でも「治太夫様」の敬称で地元民に尊敬されているが、この治太夫様の始祖規道は、武田信玄、勝頼の二代にわたり、その旗本侍大将を務めた原隼人信房を父に持ち、最終的には二千貫の知行高をもらう立場にあった人物だ。甲州の名族武田家の鼻祖は言うまでもなく源義光だったのだ。

だから、この伝説は天目山の戦いに敗れた後、主家の再興ならず、心ならずも故郷を離れて新倉の地に隠棲することになった柳下規道に関わりのある人物が、武田家、ひいては柳下家と新倉の地とを深く関連づけ、更には武田家の旧家臣柳下家を権威づけるために創案したのではないかというのが筆者の推測である。

蛇足を加えるならば、埼玉県南部地域では、江戸時代に武州各地で名主職を世襲したような名家は小田原北条家の旧家臣が多いが、武田家の旧家臣も練馬区の加藤氏、富士見市鶴馬の横田家など数少ないながら各地に散在している。

江戸時代から戦前にかけては江戸近郊の名所の一つとされてきた吹上観音堂の山門

⑩ 吹上観音の霊験

和光市白子3－14－1　吹上観音堂

信仰心の厚い人の脚痛を治してくれた観音様

　ここでは、江戸時代に度々江戸に出《で》開帳《がいちょう》を行ったりしたので、古くから江戸にも多くの信者を擁した吹上観音を取り上げてみよう。

　平成二十五年刊行の拙著『埼玉の地名　新座・志木・朝霞・和光編』では、吹上は奥州で苦戦していた八幡太郎義家の助勢に向かう弟の新羅三郎義光が兄の戦捷を祈念し笙《しょう》を高らかに吹き上げたことに由来すると述べたが、そのほか、観音堂のそばの赤池から清水が吹き上げていたからという説もあるようだ。

　観音堂のご本尊は、天平年間（七二九～四九）、高僧の行基《ぎょうぎ》がこの地で天竺《てんじく》の椋《むく》の木で彫刻したという御丈八寸の聖《しょう》観音のご尊像で、初めは赤池のそばに安置されたが、智覚普明国師が現在の地に寺を開創してからはそこに安置されることになった。しかし、第三世の玄嶺国師が住職の頃、寺が大いに荒廃したので、近くの金泉寺《こんせんじ》という禅寺に移された。

　元禄年間（一六八八～一七〇四）のこと、信州から浄西という僧がこの地にやって来た時、脚痛のため歩行困難になっていたので、しばらく金泉寺に止まっていたが、そこでも脚痛が治るように観音様に懸命に祈りを続けた。

　ある晩、浄西が眠っていると、観音様が夢枕に立って「自分は吹上観音だが、お前が日頃観音を信じてよく拝んでいるのは感心だ。七日の間にお前の足の具合をよくしてやろう」と告げられて目が覚めた。浄西はこのことを寺の僧に伝えると共に、吹上観音の所在を聞くと、そこの観音様は自分の寺にお祀《まつ》りしてあると言い、早速お厨《ず》子《し》の扉を開けてくれた。浄西はこれぞ観音様のお引き合

浄西の呼びかけにより建立された臨済宗東明禅寺（通称吹上観音）にある観音堂。行基菩薩が彫刻したといわれる吹上観音（聖観音）が安置されている

わせと感激し、なおいっそう一心不乱に観音様を拝礼した。すると、希《き》代《たい》なことに、その後、足の具合が段々良くなり、夢のお告げで知らされたように、七日も経たないうちに歩けるようになった。

感激した浄西がこの観音像の霊験《れいげん》を多くの人々に知らせ、この木像を納める寺の建設を呼び掛けると、その声に賛同する多くの人々が浄財を寄付してくれたので、やがて立派な寺が出来上がった。こうして、観音像はこの地に安置されることになり、浄西もこの寺の住職となって、この寺で生涯を終えた。

それから数年後、寺の本堂が全焼するという事件があったが、焼け跡から発見されたご本尊の木像は左手と右足の一部が焦げたのみで無事だったことでますます人々の信仰を集めた。

＊注…よその土地に出張してお厨子の扉を開き秘仏を多くの人に拝ませること

⑪ 観命ばあさん、焼けた観音堂を再建

和光市白子3－14－1　吹上観音堂

自ら堂再建の材木を載せた車を挽《ひ》く

吹上観音のお堂が創建されてからかなりの年月を経たある日の晩、本堂の中から出火した火災が大火になるという事件があった。焼失した観音堂の再建に尽力したといわれる観命ばあさんについてのお話をご紹介しよう。

火事が発生したのは、当時年に四回開かれていた観音市《いち》の中の十二月十日の市の晩のことだった。出火した時間帯には、まだ市に出店した商人の多くが残っていたので、近所の住民ともども協力して、せめてご本尊の観音様だけでも救出しようと懸命の消火活動に取りかかったが、木枯らしの時期に入っていたこともあって、火の回りが早く本堂は忽《たちま》ちのうちに焼け崩れてしまった。

その折りに、以前、三協地区に住んでいた「仏の木」という家号の家のご先祖の伊三郎という人が後片付けをしようと鎌で灰を掻いていたところ、灰の中から御光がさしてきた。驚いた伊三郎が灰の中を探ってみると、観音様の木像が見つかった。しかも手足に若干の火傷が残ってはいたものの、木像が奇跡的に無事だったことにびっくり仰天した。

しかし、本堂が無くなってしまっているので、無事だった木像を安置する場所が無いのには困った。

ところが、ある晩、後に「観命《かんめい》ばあさん」と呼ばれるようになったほどに観音様への信仰心の厚い老婆の夢の中に観音様が現れ、お堂が欲しいとのお告げを受けた。そこで、「観命ばあさん」は地元や近隣の村々の住民に熱心に呼び掛けて浄財の寄進を募っただけでなく、時には自ら車を引っ張って材木の運搬にあたるほどの涙ぐましい努力をした。こうした「観命ばあさん」の熱意に打たれた地元や近隣の人々は我れ先にと協力を惜しまなかっ

た。そのお陰で焼け跡に立派な本堂が再建されるようになったのだと伝えられている。「観命ばあさん」は東本村の深野修家のご先祖にあたることから、今でもこの深野家は「観命様」という家号で呼ばれている。

この「観命ばあさん」はお堂が再建されると、自分の像を造ってお堂に納め、より一層熱心に観音様を信心していた。ある日、観音経を唱えていたさなか、部屋に吹き込んだ一陣の風に倒されたローソクの火が家中に燃え移り、観命ばあさんは火の海の中で命を失った。ただ不思議なことにその火事が近所に燃え移ることはなかったという。

最近まで「観命ばあさん」の着用していた小紋の羽織は東本村の石田誠家に保存されていて、観音様のご開帳の際に公開されていたそうだ。また、「観命ばあさん」の命日の三月十五日にはおばあさんを偲《しの》んで連経講が毎年前記の深野家で行われているという。

因みに、この本堂の再建を手掛けた大工棟梁は舘村（現志木市）の高野武兵衛と伝えられている。

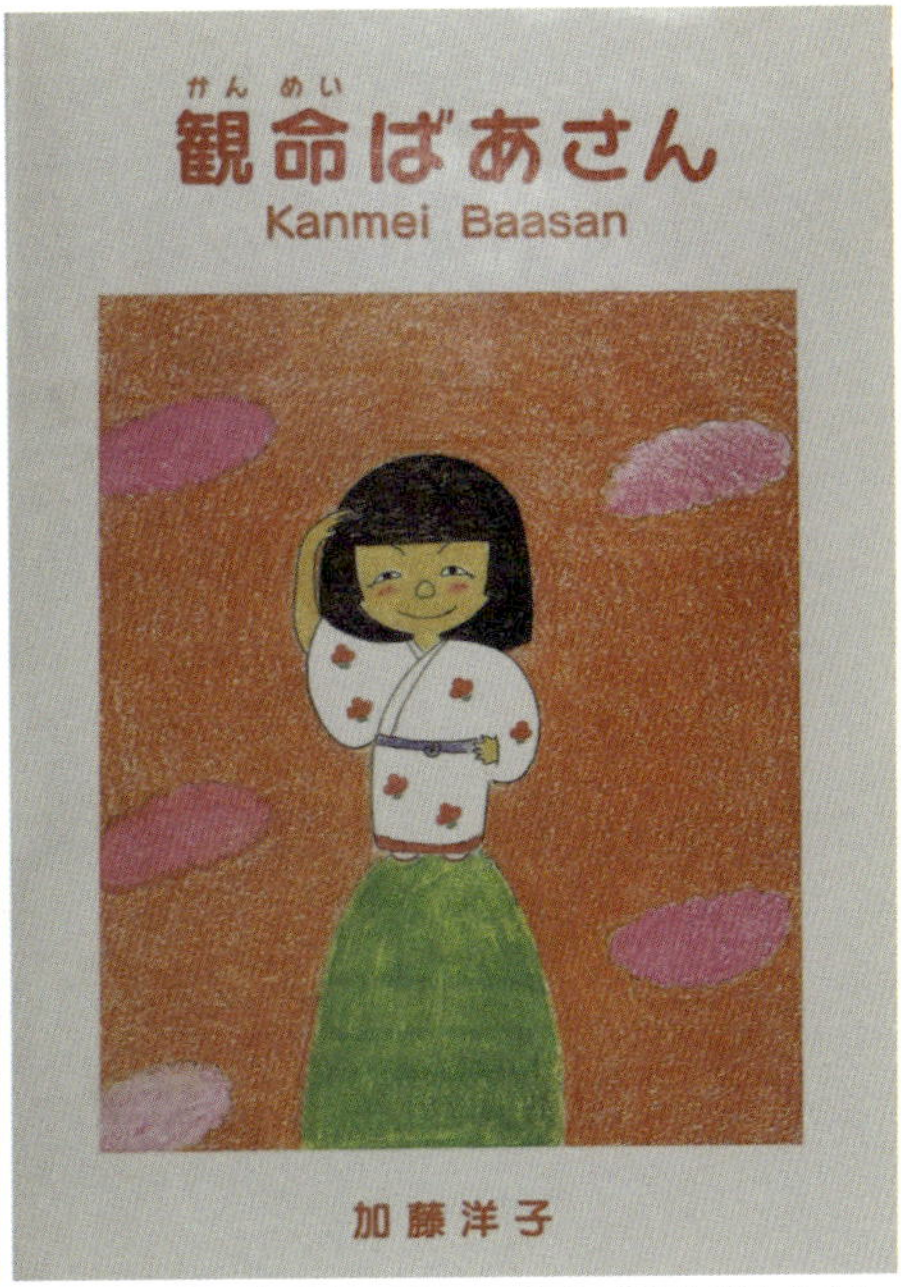

文政６年と記されている観命ばあさんの位牌（左）。同地出身の加藤洋子さんの著書『観命ばあさん』

⑫ 弘法大師とイモ

大師に親切な家は栄え、不親切な家は没落

和光市白子地区

昔、ある時、弘法大師は諸国巡錫の途中、白子村にもやって来た。

朝から何も食べていなかった弘法大師は、空腹で今にも倒れそうなほどだったので、ある裕福そうな農家を訪れ、食事を振る舞ってくれるよう頼んでみた。そこの家では昼飯時だと見え、一家揃って談笑しながらイモを食べていたが、家の中から出て来た主は、「このイモは石みたいに硬く、食べられたものではないから、上げる訳にはいかない」といって邪険に弘法大師を追い払った。

弘法大師は仕方なく、隣のみすぼらしい農家を訪れ、同じように食事の接待を頼んでみた。前に断られた家とは段違いに貧しく見えたので、半ば断られるのを覚悟して立ち寄ってみたのに、主人は親切で、小指ほどの小さい屑イモを弘法大師に見せ、「うちでは、こんなものしか食べていないが、これで良かったら召し上がれ」と言って、気前良く分けてくれた。次の年からこの家の農作物は豊かな実りが続いたという。

それに引き替え、弘法大師を邪険に追い返した農家では、翌年、石のようなイモしか穫れなくなり、しかも、それがその後何年も続いたので、さしも裕福だったこの家も次第に家運が傾き、ついに没落してしまったという。

これと全く同じ話が和光市の荒川越しに接続する戸田市の上戸田にも伝わっている（もっとも、戸田市では旅の坊さんを邪険に扱ったために落ちぶれてしまった農家の話は主人公が弘法大師ではなく日蓮上人だとする説もあるようだ）。これに引き替え、弘法大師を厚くもてなした貧しい農家では、それ以来、大きくて質の良いイモがたくさん穫れるよう

になり、豊かになったということである。

また、似た話としては、大師がイモをもらえないかと頼んだところ、「うちのイモは石だ」と言ったために、それ以後、その家で作るイモは石のように硬いイモしか穫れないどころか、穫れたイモはすべて石になってしまったという成田市新妻、千葉県南房総市白浜町青木、船橋市海神の話があるし、白州町・須玉町（現北杜市）などの山梨県旧北巨摩郡一帯にも広く伝えられているという。

白子の民家を訪れイモの施しを乞う弘法大師

そのほか、饅頭を乞われた人がこれは石で食べられぬからと大師に断ったところ、本当にそこにあった饅頭が本物の石になってしまって全く食べられなくなってしまったという話が山梨県の茅ケ岳西麓地方に多く伝えられているようだ。また、弘法大師が村にやって来た時に所望された黄団子を村人が土の塊りと偽って断ったところ、大師が怒って加持すると真の土塊となってしまったり、井戸水が涸《か》れるなどの災難が続いたという話も山梨県の旧北巨摩郡地方に多く伝えられているようだ。
本稿では、イモ（あるいは饅頭・団子）を求めた弘法大師につれない態度で接した村人がそれなりの報いを受けた話を主に紹介してきたが、栗の実を快く提供した与野（現さいたま市中央区）の純真な子どもたちの好意に応え、大師が特別に一年に二回も栗の実を成らせたという二度栗山の伝説が有名だ。

あとがき

私もこの四月にやっと米寿を迎えることができた。幼少期は特に病弱だったため、亡母が私を連れて志木の実家を訪れると、「ウチで死なれては困るから早くこの児を連れてお帰り」と祖母から体よく追い返されたと、幼い頃からよく聞かされていた。このヒヨワな子が八十二歳までは同年輩の老人に比べて遥かに元気だったのは周辺の人たちから見れば、まさに奇跡だと思われたに違いない。

しかし、八十歳の頃、自転車を戸外に出そうとして、誤って仰向けに転倒した際、背骨を傷付けてしまってからは徐々に腰痛が悪化し、今年の初め頃からは完全に歩行困難の状態に陥ってしまった。このままだと来春まで生き長らえることが難しくなるのではと、当初、来年の年明けに予定していた本書の出版を慌てて早めることにした。

本来ならば、もっと時間をかけて、もっと広範囲に、しかも奥深く調べ上げなくてはいけなかったのに、こうした時間的な制約のため、敢えて早めの上梓に踏みきらざるを得なかった。

今度出版することになった本書が地域的にやや偏っていることは悔やまれる。志木編が最多で、朝霞編がこれに次ぐが、新座編と和光編はもっと時間をかけて、より多くの伝説を発掘したかったところだ。志木編が特に多いのは、平成四年頃まで志木に在住した故鈴木亨さんの活躍に負うところが大きい。鈴木さんは旧制高校の教師を長らく務めた後、都内の某私立女子短大で国文学を講じた前歴を持つ人物で、転入先が新河岸川河畔であったため、市場町内会に所属することになり、当時、市場町内会の文化部が町内会員の一体化を図ろうと準備していた「文集いちば」の発行事業に参画することになり、文章を書くことに不慣れな町内会員に対し、執筆から編集に至るまでこまごまと指導されたと聞く。

それ以上に、当時の志木に在住していた多くの古老を訪ねては昔から地域やその家に伝わる伝説を掘り起こして聞き取り、世に出した功績は大きい。丁度、彼の仕事が佳境に入った頃、タイミング良く志木市でも市史の編纂事業が始まっていたので、鈴木さんが発掘した多くの伝説が市史の民俗編を飾ることができた。

また、江戸中期の舘村の名主宮原仲右衛門が著した『舘村旧記』の中にも伝説が数多く収められているので、これも利用させて頂いた。

更に、三十年前に亡くなった母が生前良く聞かせてくれた話の中から二話を収録したことも付記しておこう。一つは母の同級生の家で起きた赤ん坊の湯浴みに失敗した猿の話、もう一つは母の生家の近くの通路（水子道）で焼死した農夫の話だ。他市域でもこうした話をよりたくさん拾い上げることが出来ていれば、本書ももっと充実したものになったに違いない。本書が切っ掛けとなって、他地域においても、より多くの伝説・民話が発掘・収集されることを期待したい。

著　者

〔参考文献〕

『埼玉県伝説集成　上巻・中巻・下巻』
（韮塚一三郎編著・北辰図書出版）
『志木市史　民俗編』（志木市）
『朝霞市史　民俗編』（朝霞市）
『新座市史　民俗編』（新座市）
『和光市史　民俗編』（和光市）
『志木市郷土誌』（志木市教育委員会）
『志木の伝説』（志木市教育委員会）
『志木の伝説（二）』（志木市教育委員会）
『埼玉県の民話と伝説　入間編』
（神山健吉ほか二人の共編・有峰書店）
『埼玉県の民話と伝説　北足立編』（根津富夫編・有峰書店）
『武蔵野の民話と伝説』（原田重久著・有峰書店）
『武蔵野の民話と伝説下』（原田重久著・有峰書店）
『神奈川県の民話と伝説』（萩坂昇著・有峰書店）
『舘村旧記』（宮原仲右衛門著・志木市教育委員会）
『舘村古今精決集録』（著者不詳）
『練馬区史』（練馬区）
『狭山の栞』（杉本林志（所沢市史地誌編　所収））
『文集「いちば」』（市場町内会）
『滕折外史』（牛山三都男）（私家版）
『川越街道』（笹沼、小泉、井田の共著・聚海書林）
『郷土史朝霞』（朝霞市郷土史研究会）
『郷土史朝霞（二）』（朝霞市郷土史研究会）
『郷土史新座』（新座市教育委員会）
『志木市の碑文』（志木市教育委員会）
『所沢市史　近世資料編Ⅱ』（所沢市）
『新編　埼玉県史　別編２民俗２』（埼玉県）
『首弁天由来記』（梶川能正著）
『新編武蔵国風土記稿』
『秩父日記』（渡辺渉園著）
『武蔵国郡村誌』
『世事百談』
『埼玉の地名　新座・志木・朝霞・和光編』
（神山健吉著・さきたま出版会）

〔編著者略歴〕

神山健吉（かみやま　けんきち）

一九三〇年　東京・上野桜木町に生まれる
一九五五年　東京教育大学（現筑波大学）文学部卒、読売新聞社入社
一九八五年　読売新聞社定年退職
　　　　　その後、出版社、編集プロダクション、広告代理店等に勤務

志木市史編纂委員、同編集委員、志木市郷土史研究会会長、埼玉県郷土文化会副会長、志木市文化財保護審議会会長、埼玉県文化財保護協会理事、志木いろは市民大学学長、よみうり文化センター川越（現よみうりカルチャー川越）講師、ブルガリアの人と自然を文化を愛する会会長等を歴任

〔主な著書〕
『埼玉の地名　新座・志木・朝霞・和光編』、『苗字の研究　志木を中心として』、『武蔵の商都「引又」の栄光』
共著では『目で見る朝霞・志木・新座・和光の一〇〇年』、『埼玉県の民話と伝説　入間編』、『しき ふるさと史話』
等多数

埼玉《さいたま》の伝説《でんせつ》を歩《ある》く　志木・朝霞・新座・和光編

二〇一八年十一月十五日　初版第一刷発行

編著者　神山健吉《かみやまけんきち》

発行所　株式会社　さきたま出版会
〒３３６－００２２
さいたま市南区白幡３－６－10
電話０４８－７１１－８０４１
振替００１５０－９－４０７８７

印刷・製本　関東図書株式会社

ISBN978-4-87891-463-8 C0026